岭南师范学院 2022 年筑峰计划专项项目资助

公费定向师范生入学动机的**自传叙事研究**

闫　闯　钟凯祈◎著

九州出版社
JIUZHOUPRESS

图书在版编目（CIP）数据

公费定向师范生入学动机的自传叙事研究 / 闫闯，
钟凯祈著 . -- 北京：九州出版社，2024.2
ISBN 978-7-5225-2679-9

Ⅰ . ①公⋯ Ⅱ . ①闫⋯ ②钟⋯ Ⅲ . ①师范教育—师
资培养—研究 Ⅳ . ① G655.1

中国国家版本馆 CIP 数据核字（2024）第 055291 号

公费定向师范生入学动机的自传叙事研究

作　　者　闫　闯　钟凯祈　著
责任编辑　周　春
出版发行　九州出版社
地　　址　北京市西城区阜外大街甲 35 号（100037）
发行电话　（010）68992190/3/5/6
网　　址　www.jiuzhoupress.com
印　　刷　武汉鑫佳捷印务有限公司
开　　本　787 毫米 ×1092 毫米　16 开
印　　张　12.5
字　　数　182 千字
版　　次　2024 年 2 月第 1 版
印　　次　2024 年 2 月第 1 次印刷
书　　号　ISBN 978-7-5225-2679-9
定　　价　76.00 元

前　言

　　地方高校执行的公费定向师范生教育政策，旨在培养一大批"下得去""留得住""教得好""有发展"的乡村教师，为乡村教师队伍补充新鲜血液，为乡村教育振兴贡献力量，促进城乡教育均衡发展，助力乡村教育现代化。培育乡村教师，遂成为公费定向师范生教育政策的初衷和目的。政策理念是一回事，政策执行是另一回事。其中关键的问题在于，报读公费定向师范专业的学生，本着怎样的动机而选择成为公费定向师范生？不同的入学动机对个体的学业表现和专业承诺具有不同的影响。在公费师范生违约事件时有公开报道的现实情况下，全面深入研究公费定向师范生的入学动机十分必要。

　　调查研究发现，公费定向师范生具有四大入学动机，分别是"职业理想"动机、"就业保障"动机、"经济补贴"动机和"他人影响"动机。除此之外，报读公费定向师范专业的学生还会受到高考成绩、院校声誉、政策内容等因素的影响。从理论上讲，可以对公费定向师范生的入学动机进行逐一讨论和分析，凸显"职业理想""就业保障""经济补贴"和"他人影响"等各个方面的独立作用。从现实中看，公费定向师范生的入学动机是多重因素相互作用的综合体现，不太可能完全受单一入学动机的制约和影响。比如拥有"职业理想"动机的学生，一般也会拥有"就业保障""经济补贴"和"他人影响"等其他动机；拥有"就业保障"动机的学生，通常也会受到"职业理想""经济补贴"和"他人影响"等其他动机的影响。故而公费定向师范生的入学动机表现是复杂的,选择成为公费定向师范生不是一个简单的行动决定,而是多种因素相互交织的抉择结果。

为了全面深入了解公费定向师范生入学动机的具体状况,把握报读公费定向师范专业过程中的细节面貌,凸显"职业理想""就业保障""经济补贴"和"他人影响"四大入学动机的独特作用,本研究采用自传叙事的研究方法,呈现了多名公费定向师范生选择报读公费定向师范专业的"心路历程"。在多重因素作用下,有人因职业理想引领入学动机;有人因就业保障增强入学动机;有人因经济补贴引发入学动机;有人因受到他人影响助力入学动机。不同的个体,相同的决定,但决定之中的影响因素,有"共性",也有"个性"。

身在公费定向师范生培养的行动之中,自觉的行动者对公费定向师范生教育自有思考和研究。正是由于培育乡村教师是公费定向师范生教育政策的核心所在,所以执行政策要求和实现政策目的需要围绕乡村教师这一人才培养目标来进行。2020年9月,教育部、中组部、中编办、国家发展改革委、财政部和人力资源社会保障部等六部门印发《关于加强新时代乡村教师队伍建设的意见》,其中明确提出"注重发挥乡村教师新乡贤示范引领作用,塑造新时代文明乡风,促进乡村文化振兴"。受此启发,"乡贤文化与公费定向师范生培养"的研究选题计划得以形成。2021年,《乡贤文化视域下公费定向师范生教育研究》一书由吉林大学出版社出版,主要分析了乡贤文化视域下公费定向师范生培养过程中面临的乡土情怀缺失、城市中心导向等问题,并提出了遵循乡贤文化自觉的公费定向师范生教育模式。本著作可谓是"乡贤文化与公费定向师范生培养"三部曲的第二部,亦是《乡贤文化视域下公费定向师范生教育研究》之"前传"。

秉承自传叙事研究的表达范式,与以往较为严谨的学术语言不同,本著作致力于通俗易懂的写作风格。希望通过公费定向师范生入学动机的具体叙事呈现,提供一个了解和解读公费定向师范生选择报读公费定向师范专业的不同视角。其中，并未用过多笔墨分析评价自传叙事，而是力求多"呈现"，少"议论"，还原真实的事件本身，留给阅读者去思考和判断。鉴于作者知识水平有限和研究能力不足，其中难免存有"错误"和"偏激"，欢迎批评与指正！

目　录

导　言

第一节　问题提出

我国的大学教育起源于 19 世纪末 20 世纪初，当时的高等教育机构以国立大学为主，学费标准参差不齐，但总体而言，收费相对较低。中华人民共和国成立初期，对学费制度进行了统一管理，大学实行的是一种全面的免费学费制度，所有学生的学费由国家全额补贴。当时，大学教育的目标是培养社会主义建设所需的人才，追求的是公平和普及。因而，自 20世纪 50 年代起，我国开始实施免费的师范教育。其初衷是培养一批优秀的中小学教师，以改善和提高我国基础教育质量。不难看到，免费师范教育从一开始就带有"国家人才培养计划"的性质。1951 年，教育部明确提出了"5 年内培养百万名小学教师目标，确定正规师范教育与大量短期训练相结合"的方式。1952 年，教育部颁布了《关于高等师范学校的规定》，在政策上确定了"免费师范生"的概念，即"享受国家规定的优待，免除学费和住宿费，并按照月给予伙食补助"，由此正式拉开了免费师范教育的序幕。改革开放以后，我国社会经济发展日新月异，教育事业也得到了明显进步。1983 年，教育部发布了《关于中等师范学校和小学教师进修院校收费及有关问题的通知》，提出了"提高教育质量，培养优秀人才"的方针，进一步推动了免费师范教育的发展。

然而，自20世纪90年代起，随着社会主义市场经济体制的建立和完善，中国开始进行教育改革，其中一项重要的内容就是引入市场机制，改变大学的学费制度。1996年，人事部发布了《国家不包分配大专以上毕业生择业暂行办法》，提出"毕业生通过人才市场在多种所有制范围内自主择业，可以从事专业技术工作、管理工作，也可在其他岗位上工作。机关、全民所有制事业单位录用（聘用）毕业生，必须在政府人事部门当年下达的增人、增干计划内，有国家人事部或省级人事部门批准的招干、招人指标，方可按有关规定办理录（聘）用手续"。1997年，国务院颁布了《关于进一步做好高等学校毕业生就业工作的通知》，提出了"加强政策引导，推动高校毕业生面向基层就业"的方针，由此引发了免费师范教育政策的调整，国家补贴逐渐减少，学生的学费负担逐渐增加。

市场化的学费制度在一定程度上提高了我国高等教育的效率和质量，但也带来了一些问题。一方面，学费增长过快给家庭带来沉重的经济负担；另一方面，市场化的学费制度可能导致教育不公，因为贫困家庭的学生可能无法承担高额的学费。与此同时，进入21世纪以来，随着社会经济的迅速发展和城市化进程的稳步加速，我国城乡、区域、校际之间教育发展不平衡的问题逐渐凸显。一些贫困地区和农村地区的教育资源匮乏，师资力量薄弱，教育质量不高，难以满足人民群众对高质量教育的需求。为了补齐乡村教师队伍建设短板，定向乡村地区的公费师范生教育政策应运而生。乡村定向师范生培养是着眼于乡村教师资源紧缺而专门为乡村地区制定的一种"定向招生、定向培养和定向就业"的教师教育模式，即面向乡村地区培养教师的公费定向师范生教育。公费定向师范生教育政策的实施旨在培养一大批优秀的教师，为贫困地区和农村地区输送新鲜血液，提高当地教育质量和水平，促进城乡、区域、校际之间的优质均衡发展。

具体来说，2006年湖南省率先在全国启动了农村小学教师公费定向培养计划，尝试解决农村学校教师供给不足的问题。2007年，温家宝总理提出"要进一步形成尊师重教的浓厚氛围，让教育成为全社会最受尊重的事业……鼓励更多的优秀青年终身做教育工作者"。后来，国家以"特岗教师"政策吸引了一大批大中专毕业生到乡村学校任教。同年 5 月，教育部发布了《教育部直属师范大学师范生免费教育实施办法（试行）》，明确了公费师范生教育的政策方向，即"培养大批高素质专业化的中小学教师，为基础教育提供优质服务"。该办法还规定了公费师范生在学费、住宿费和生活补助等方面的优惠政策。近年来，江西、福建、内蒙古、四川、河南、安徽、山东、广东等省份的地方高校相继招收定向乡村地区任教的公费师范生。例如，在 2018 年，广东省教育厅等四部门联合发布《关于开展 2018 年公费定向培养粤东西北中小学教师试点工作的通知》，首次提出面向粤东西北地区 71 个县（市、区）定向培养本专科、硕士研究生学历层次的教师，公费定向师范生毕业后到定向范围学校（含村小、教学点）任教不少于 6 年，培养一批"下得去""留得住""教得好""有发展"的乡村教师，以此落实国家乡村教师支持计划的政策方针，推动全省"新师范"建设。

不难发现，现行的公费师范教育主要分为"国家公费师范生"和"地方公费师范生"两种模式。地方公费师范教育主要培养乡村定向公费师范生。本书中的公费定向师范生指的就是"地方公费师范生"，即面向乡村地区而培养教师的公费定向师范生。2022 年 9 月 22 日，教育部办公厅发布了《关于进一步做好"优师计划"师范生培养工作的通知》，其中提出厚植扎根基层教育报国情怀，帮助"优师计划"师范生理解振兴乡村教育。在此背景下，如何促使公费定向师范生安心扎根乡村学校，做振兴乡村教育的"大先生"，成为研究公费定向师范生教育的重要课题。

从现有研究成果来看，在国外，多数学者探讨了公费定向师范生培养的质量问题，认为通过设置较高的入学标准和严格的选拔程序（Tatto，2015）、确立课程结构与课堂教学的质量保障体系（Nazeer-Ikeda，2014）、构建毕业能力框架（Low and Tan，2017）、开发培养项目评估框架与工具（Neihart and Lee，2017），以此保障公费师范生教育的内部质量。个别学者提出了乡村教师专培教育，强化公费师范生的乡村学习经历，使其走出城市化倾向，体验真实的乡村教育，提高致力于乡村教育的可能性

（Halsey，2018）。在国内，近几年来公费定向师范生培养成为学界的研究热点，成果颇丰。从研究方法来看，成果可以分为实证研究和理论研究两大类别。在实证研究方面，主要对定向师范生的政策吸引力、课程设置体系、政策认知、顶岗实习、教师胜任力、农村任教意愿等问题实施了调查（冯传书，2018；李静美，2019；杨晓蓉、李欣，2019；赵燕，2021；朱燕菲、王运来、吴东照，2022）。在理论研究方面，主要对公费定向师范生的风险防范、培养改革、教育协同、制度价值、身份冲突等维度进行了论证（冯誉萱、刘克利，2019；任胜洪、陈倩芸，2020；苏尚锋、常越，2020；李静美，2020；罗碧琼、唐松林，2021；刘铖、陈鹏，2022）。

在乡村振兴背景下，乡村教师作为乡村社会的知识分子群体，不仅承担教书育人的责任，而且负有建设乡村的使命。公费定向师范生培养计划旨在选拔有志于从事乡村教育的优秀学生进入师范专业，造就一批"下得去""留得住""教得好""有发展"的乡村教师。塑造具有乡村教育情怀和职业理想的教师队伍，成为公费定向培养中小学教师教育政策的重要目的和主要任务。在众多大学专业中，公费师范专业因其独特的优势和价值而备受关注。面对已经进入大学校园的公费定向师范生，公众难免心存疑虑：他们之所以报考公费定向师范专业，是否仅仅是因为"免费"？或者因为工作有"保障"？还是真正具有任教乡村和改造乡村的职业理想与价值追求？这些疑虑的背后，全都指向一个焦点——公费定向师范生的入学动机问题。

何谓入学动机？理解"入学动机"的关键在于"动机"一词。动机是一个多义词，其释义因语境和领域而异。然而，从最一般的层面上来说，动机可以被理解为激发和维持个体行为的原因或力量。这些原因或力量可以是内在的，也可以是外在的，可以是积极的，也可以是消极的。在心理学领域，动机通常被视为个体行为的主要原因之一。它被认为是一种激发、指向和维持行为的动力学过程。这种过程既可以是潜意识的，也可以是意识的。动机在很大程度上决定了人们的行为方式、努力程度、坚持性和对任务的投入程度。在经济学领域，动机通常被称为"激励"。激励被视为一种促使人们采取行动的力量。经济学中的动机通常与奖励和惩罚有关。如果一个行为会产生积极的奖励或避免消极的惩罚，那么这种行为就有可能被重复。在哲学领域，动机通常与意志和意图有关。一个人的动机是一个人的意愿或目的，它促使人们采取行动。一个人的动机可能是善良的，也可能是邪恶的，这取决于他们的价值观和目标。从词源学的角度来看，在《说文解字》中，"动"的解释是"作也"，"作者，起也"。因此，"动"即"起身行动""起身操作"，引申为个体为实现某种意图而进行活动。"机"的解释是"主发谓之机"，即"主持发动的部分叫机"。在此意义上，动机是一个人进行某项行动的原因或动力，它是个体对某种目标或情境所表现出的内在意愿和行为倾向。总之，动机是一个非常复杂的概念，其定义因学科和语境而异。然而，无论在哪个领域中，动机都被视为一种激发和维持个体行为的原因或力量。

　　立足于"动机"一词的基本内涵，入学动机则是指学生选择进入某一学校或教育机构学习的内在原因或动力，它是影响学生入学选择和学业成绩的重要因素之一。入学动机同样可以理解为学生在入学过程中所追求的目标和原因，以及他们对学习的态度和兴趣。这些动机包括对学术成就的追求、对未来职业的规划、对社交和环境因素的考虑等。入学动机的重要性在于它们会影响学生的学习投入、学习动力和学习成果。拥有强烈入学动机的学生，更有可能取得优秀的学业成就。这些学生能够更好地适应学校生活，积极参与课堂活动，努力克服学习困难，从而取得更好的成绩。入学动机可以帮助学生明确自己的学习目标，从而激发对学习的兴趣和热情。当学生意识到学习能够实现他们的目标时，他们会更加努力地学习，不断提高自身的综合素质。具有积极入学动机的学生更有可能在社会、情感和心理等方面得到全面发展。他们能够培养自己的领导能力、沟通能力和解决问题的能力。因此，深入全面地考察公费定向师范生的入学动机，探讨公费定向师范生为什么选择公费师范专业，或者弄清是什么原因吸引了越来越多的学生选择成为公费定向师范生，颇具现实意义和应用价值。

第二节　研究方法

公费定向师范生的入学动机是影响其学业表现和职业发展的重要因素。在"公费师范生毕业后违约"的新闻屡见不鲜的社会背景下，明晰入学动机有利于探索有效提升他们的契约精神、服务意识和职业热情的教育策略。为了更好地了解和掌握公费定向师范生的入学动机，需要运用有效的研究方法来深入探索这一主题。整体来看，公费定向师范生入学动机的研究方法包括定量研究和定性研究两大类。

定量研究是一种使用数学和统计方法来收集和分析数据的研究方式。在公费定向师范生入学动机的研究中，定量研究可以提供客观的数据，帮助我们理解学生的入学动机及其与学业成绩的关系。例如，问卷调查是一种常见的定量研究方法，可以通过设计一系列问题来收集关于公费定向师范生入学动机的数据信息。当然，研究者可以根据研究需求设计问卷，并使用 SAS、SPSS、Minitab 等统计软件进行分析。通过问卷调查，我们可以得出公费定向师范生入学动机的分布情况，以及不同动机类型与学业成绩的关联程度。又如，相关性分析是一种统计方法，可以用来研究两个或多个变量之间的关系。在公费定向师范生入学动机的研究中，可以使用相关性分析来探究学生的入学动机与其学业成绩、家庭背景等因素的关系。通过相关性分析，我们可以发现哪些因素与公费定向师范生的入学动机有显著的相关性，从而为进一步的研究提供线索。

定性研究是一种基于人类视角和理解的研究方式，它注重对研究对象的主观体验和观点进行深入探究。在公费定向师范生入学动机的研究中，定性研究可以帮助研究者更全面地理解学生的入学动机。例如，访谈是一种常见的定性研究方法，通过与研究对象进行面对面的交流来收集数据。在公费定向师范生入学动机的研究中，研究者可以对学生进行访谈，以了解他们的入学动机和看法。访谈数据的分析通常包括对受访者陈述的分类和归纳，以及找出其中的主题和模式。又如，观察法是一种直接收集数据的研究方法，它允许研究者亲身体验并记录研究对象的行动和环境。在公费定向师范生入学动机的研究中，观察法可以帮助研究者深入理解学生的行为、态度和情感反应。通过观察学生在课堂上的表现、参与课外活动的情况等，研究者可以更全面地了解他们的入学动机及影响因素。

总的来说，两大类研究方法各有利弊，研究者可以根据实际情况，选择较为合适的方法进行研究。问卷调查和统计分析作为定量研究的常用方法，可以有效地收集和处理大量的数据。而访谈法和观察法是定性研究的常用方法，可以深入了解学生的内心世界和个体差异。在实际研究中，应将两类方法结合起来，以便更全面地了解公费师范生的入学动机。同时，应遵循科学的研究程序，对研究结果进行严格的检验和评估，以确保研究的可靠性和有效性。

在定量研究方面，我们对广东省 5 所高校共 639 名公费定向师范生进行了问卷调查研究，并随机抽选了各个专业共 10 名公费定向师范生进行了访谈。结果发现，公费定向师范生的主要入学动机分别是"有经济补贴""有就业保障""他人影响"和"实现乡村教师职业理想"等。其中，"有经济补贴"动机水平最强，"实现乡村教师职业理想"动机水平较弱。公费定向师范生的入学动机虽存在专业差异，但"实现乡村教师职业理想"的动机水平全部相对较弱。公费师范生为"免费"而来比为"教育"而来的动机更强。同时，我们也对广东省特殊教育专业公费定向师范生的入学动机进行了问卷调查，结果发现，特殊教育专业公费定向师范生的四大入学动机依次是"就业保障""职业理想""经济补贴"和"他人影响"，年龄、性别、家庭住址和家庭月收入等是影响入学动机的相关因素。其中，不同年级的学生在首要入学动机上存在显著差异，2018 级特殊教育专业公费定向师范生的首要入学动机为"职业理想"，而 2019 级特殊教育专业公费定向师范生的首要入学动机为"就业保障"。

在定性研究方面，尽管运用访谈法和观察法有助于全面地理解公费定向师范生的入学动机，但要做到深入研究实属困难。这主要是因为动机具有隐蔽性的特点，动机的隐蔽性是一个复杂且重要的现象，而隐蔽性主要表现在动机产生的原因和过程不易被人们察觉或理解。在日常生活的各种情境中，人们的行为似乎总是伴随着各种动机。然而，这些动机并不总是显而易见的。事实上，很多情况下动机的隐蔽性可能比我们所想象的更为复杂。自然而然，公费定向师范生的入学动机不容易被观察到，但这并非意味着不能进行推断和探索。"动机是一种中间变量，不能直接观察，心理学家只能根据个体当时所处情境及其行为表现推断个体行为的原因。例如，一名学生周末在图书馆看书，对于他的学习动机，我们观察不到，只能通过他的学习行为表现的好坏、态度是否认真、坚持学习时间的长短、努力的程度如何进行推断。同时，对他学习的一贯表现的好坏、学习成绩等做进一步的考察，才可能对这名学生的学习动机进行较准确的推理性的解释。"① 可见，全面且深入地理解公费定向师范生的入学动机需要保持一定的时长，秉持跨越空间的思维，具有一种叙事思维和考虑一种叙事系统，即个体性历史和背景性历史的双重叙事性。换句话说，需要将公费定向师范生的入学选择置于一种个人学习和实际生活的故事中，才能得到充分理解。"当今动机心理学的特点是，既不单纯地把行为理解为人的特征（欲望、本能等）及其衍生物，也不单纯地将其理解为环境特征（刺激、客观刺激）的产物。取而代之的新观点认为，行为是一个特定的人和一种特定的情境之间交互作用的产物。"② 公费定向师范生的入学动机成为人和环境的交互作用，更是成为人和环境交互作用的叙事表征。

社群主义代表人物阿拉斯戴尔·麦金太尔（Alasdair Macintyre）认为，"人在本质上是一种叙事性的动物"③，每个人都过着叙事性的生活。作为主体的自我凭借自己所经历的叙事生活来理解生活本身以及实践行为，作为主体的他者同样凭借他自己所经历的叙事生活来理解生活本身以及实

---

① 郭德俊. 动机心理学：理论与实践［M］. 北京：人民教育出版社，2005：5.

② ［德］莱茵贝格. 动机心理学［M］. 王晚蕾，译. 上海：上海社会科学院出版社，2012：31.

③ Macintyre A. *After Virtue: A Study of Moral Theory*［M］. Notre Dame: University of Notre Dame Press, 2007: 216.

践行为。麦金太尔以一个男人挖掘他的花园的情形为例，论证了理解主体行为的"叙事性"。一个男人挖地这样一种行为，可以解释为一种时间关系，他想要为花园做越冬准备的意图的结果；或者解释为一种因果关系，他希望使他的妻子高兴的结果，以此被描述为可理解的行为。在第一种情形中，挖地行为需要定位于一年一度的家务活动中，并且这个行为所体现的意图的前提条件是一种特定类型的家庭花园环境。在花园背景的叙事中，挖地行为的片段才是可理解的。在第二种情形中，挖地行为需要置于一桩婚姻的叙事历史中，而且与婚姻相关的是一种非常不同的社会环境。在此情况下，挖地行为的事件方能得到理解。两种情形表征了共同的东西：只有考虑行为者的历史性叙事以及它所属的背景的历史性叙事，主体行为才会得到完整的理解。

　　"叙事的意义在于以时间为主要维度，为我们的日常行为及生活事件建立联系，将一系列独立的事件组织起来从而获得连续性。叙事帮助我们发现自我、了解自我，故事为我们呈现出一个栩栩如生、极具感染力的心理世界。"① 如果说人在行为和实践上是一种叙事性的动物，那么反观公费定向师范生的入学动机：只有考虑公费定向师范生的历史性叙事及其所属背景的历史性叙事，入学动机才会得到完整的理解。职是之故，在定性研究方面，运用自传叙事研究方法成为探究公费定向师范生入学动机的一个新的切入点。自传叙事研究方法是一种以个人经历和叙事文本为研究对象的研究方法。它通过收集和分析个人自传文本，探究个体经历对个体行为和态度的影响，以及个体如何理解和建构自己的生活故事。自传叙事研究方法在社会科学领域中广泛使用，特别适合研究个体的心理状态、经历和行为模式。不难看到，公费定向师范生入学动机的自传叙事研究具有一定的可行性和必要性。

　　一般来说，自传叙事研究方法的实施过程包括以下步骤。第一，确定研究问题。自传叙事研究方法的研究问题通常涉及个体的内心世界、经历

---

① 马一波，钟华. 叙事心理学［M］. 上海：上海教育出版社，2006：20.

和行为。例如，研究问题可能包括："我是谁？""我为什么会成为今天的我？""我的价值观是如何形成的？"等。研究问题的确定需要对研究对象进行深入的探索和思考。第二，收集自传文本。自传文本是自传叙事研究方法的核心数据源。研究人员可以通过问卷调查、个人访谈、日记、回忆录等方式收集自传文本。在收集自传文本时，应注意对象的代表性、文本的真实性和可靠性。第三，文本分析和解读。对收集到的自传文本进行分析和解读是自传叙事研究方法的关键步骤。研究人员可以采用内容分析、关键词分析、叙事分析等方法对文本进行分析。通过深入分析文本，研究人员可以发现自传的主旨、主题、事件及其之间的关系，并探讨这些元素如何影响个体的行为和态度。第四，结论与讨论。通过分析和解读自传文本，研究人员可以得出结论，并对研究结果进行讨论。结论可以包括个体经历对个体行为和态度的影响、个体如何理解和建构自己的生活故事等。讨论部分可以进一步挖掘研究结果的意义和价值，以及可能的解释和推论。

自传叙事研究方法具有以下优点：研究对象易于获取，可以涵盖广泛的个体和群体；可以深入了解个体的内心世界和经历，揭示个体行为的内在动因；通过分析和解读自传文本，可以发现个体经历与行为之间的关系；研究结果具有一定的生态学效度，可以真实地反映实际情境中的个体行为和态度。然而，自传叙事研究方法也存在以下局限性：研究结果可能受到回忆误差和主观因素的影响；研究对象的自传文本可能存在叙事夸大或虚构的情况；研究结果难以推广到总体人群中，因为研究对象可能存在选择偏倚；研究人员的主观立场和偏见可能对研究结果产生影响。

综上所述，在定性研究方面，本书尝试运用自传叙事研究方法来探讨公费定向师范生的入学动机问题。整个研究过程中，为了避免研究人员的主观立场和偏见对研究结果的影响，本书并未对收集到的公费定向师范生自传文本进行过多分析和解读，而是把公费定向师范生的入学动机留置于自传叙事的呈现之中。

第三节　研究内容

本书正文部分的内容分为六章，具体内容如下。

第一章为"公费定向师范生的四大入学动机"，主要根据问卷调查的客观数据，总体上论述公费定向师范生的四大入学动机，即职业理想、就业保障、经济补贴和他人影响。这四大入学动机各有其独特的吸引力，涵盖了公费定向师范生在高考志愿选择时的主要考虑因素，包括个人发展、兴趣爱好、家庭经济状况以及社会环境等各个方面。公费定向师范生的四大入学动机并不是孤立的，而是相互交织、相互影响，共同构成了学生做出选择的原因。

第二章为"职业理想引领入学动机的自传叙事"，主要通过公费定向师范生的自传文本展现他们内心深处对乡村教育事业的使命与热情。职业理想是公费定向师范生的重要入学动机。一些学生对乡村教育事业充满热情，希望通过自己的努力，为家乡教育事业贡献力量，培养一代代优秀的人才，助力乡村全面振兴。公费定向师范生教育政策为他们提供了一个实现职业理想的平台，让他们能够在追求教育事业的过程中，获得更多的发展机会和成就感。

第三章为"就业保障增强入学动机的自传叙事"，主要通过公费定向师范生的自传文本表明编制与前途的双重吸引力增强了选择公费定向师范专业的确定性。对于许多学生来说，选择公费定向师范专业最大的动机在于其带来的就业保障。在竞争激烈的社会环境中，稳定的工作前景是许多学生所向往的。公费定向师范生在完成学业后，可以直接分配到特定区域的学校任教，避免了求职过程中的一系列不确定因素。这种就业保障不仅缓解了学生在就业方面的压力，还使他们能够更专注于学业，充分发挥自己的专业技能。

第四章为"经济补贴引发入学动机的自传叙事"，主要通过公费定向师范生的自传文本表明"多免一补"是他们选择公费定向师范专业的重要推动力。对于许多家庭经济困难的学生来说，公费定向师范生教育政策所提供的经济补贴是他们选择这个专业的重要因素。公费定向师范生在求学过程中，不仅可以免除学费和住宿费，还能获得一定的生活补贴。这种经济补贴政策很大程度上减轻了家庭的经济负担，为学生提供了更多的机会，使他们能够专注于学业，不受家庭经济状况的影响。

第五章为"他人影响助力入学动机的自传叙事"，主要通过公费定向师范生的自传文本揭示榜样的力量与同学的激励同样容易促成高考志愿填报。有时候，他人的影响也会成为个体做出选择的重要因素。对于一些学生来说，任课教师或亲朋好友从事教育工作给予了他们很大的启示和鼓励。看到他们在教育战线上默默奉献，为学生的成长付出辛勤的努力，这些学生也会受到鼓舞，希望自己能够在教育事业中发挥积极作用。同时，同龄人的激励也是一个不可忽视的因素。身边的同学、朋友选择了公费定向师范生，可能在某些方面影响了他们的决定，使他们对这类专业产生了兴趣和认同。

第六章为"公费定向师范生的入学动机与留乡任教"。公费定向师范生在接受高等教育的同时，也承诺毕业后回到乡村学校任教，为乡村教育贡献自己的知识和才能。在理想意义上，他们不同于其他师范大学生，须拥有一颗为乡村教育事业奉献的初心。入学动机并非一成不变。有些学生在入学后可能会发现自己的兴趣和初衷发生了改变，而另一些则可能更加坚定了自己的选择。无论个人的入学动机如何，公费定向师范生培养政策无疑将为我国教育事业培养一大批优秀的乡村教师，为我国乡村教育事业的繁荣发展做出重要贡献。然而，公费定向师范生在毕业后不仅要"下得去"乡村，而且要"留得住"乡村。公费定向师范生留乡任教可以为乡村教育注入新的活力，促进教育公平，推动乡村教育的可持续发展。故而基于公费定向师范生的入学动机表现，势必要强化其留乡任教，奉献乡里的精神。

第一章　公费定向师范生的
四大入学动机

　　正如常言道"没有调查，就没有发言权"，缺乏调查研究，就缺少论证表达的底气和信心。"你对那个问题的现实情况和历史情况既然没有调查，不知底里，对于那个问题的发言便一定是瞎说一顿。瞎说一顿之不能解决问题是大家明了的。"① 公费定向师范生入学动机的调查研究具有必要性和价值性。通过调查研究和数据分析，可以更深入地了解公费定向师范生的入学动机及其影响因素，从而为教育实践和人才培养提供有价值的参考和建议。公费定向师范生入学动机的调查研究可以通过问卷调查、个人访谈、实地观察等方式获取相关数据和信息。尤其是问卷调查可以覆盖大量的学生群体，帮助研究者了解他们普遍的入学动机。根据问卷调查的客观数据，本研究发现，公费定向师范生具有四大入学动机，分别是"职业理想"动机、"就业保障"动机、"经济补贴"动机和"他人影响"动机。这四大入学动机并非相互孤立，而是相互交织、相互影响、相互作用，共同构成了学生选择公费定向师范专业的动因。

---

　　① 　毛泽东. 毛泽东选集（第一卷）［M］. 北京：人民出版社，1992：109.

第一节　入学动机的调查研究结果与分析

一、调查对象与工具

本研究采用抽样调查方法，在广东省1400名2018级本科公费定向师范生中，随机抽取5所高校共725人进行调查，共计回收639份有效问卷，有效回收率为88.14%。其中，男生200人，占有效调查人数的31.30%，女生439人，占有效调查人数的68.70%；小学教育专业有效调查人数为395人，占有效调查人数的61.82%，体育教育专业有效调查人数为41人，占有效调查人数的6.42%，特殊教育专业有效调查人数为42人，占有效调查人数的6.56%，美术学专业有效调查人数为74人，占有效调查人数的11.58%，音乐学专业有效调查人数为87人，占有效调查人数的13.62%。

调查工具主要是改编式问卷。在参考李高峰所编"免费师范生报考免费师范专业的动机的调查问卷"[①]的基础上，"广东省本科公费定向师范生入学动机调查问卷"得以形成（问卷详见本书附录部分）。该问卷主要分为三部分：第一部分为本科公费定向师范生的基本情况；第二部分为本科公费师范生报考公费定向师范专业的可能动机，选项分别为"完全不符合""比较不符合""不确定""比较符合"和"完全符合"，统计时采用5点评量法，分别赋值1、2、3、4、5，运用SPSS 19.0统计软件进行数据录入和统计分析；第三部分为开放题，题目为"你是否后悔选择成为公费定向师范生？如果是，理由是什么？"问卷经过试测修正后再进行正式调查，质量较高。"广东省本科公费定向师范生入学动机调查问卷"内部一致性系数为0.832，大于0.8，达到了对问卷信度的基本要求。

---

① 李高峰. 免费师范生报考动机的调查研究——以陕西师范大学为例［J］. 黑龙江高教研究，2010（6）：1-4.

二、数据分析技术

本研究主要采用了 SPSS 数据分析中因子旋转的技术方法。在多元统计分析中，旋转是一项重要的技术，用于改进高维数据的解释性。通过旋转，原始的高维数据被映射到一组具有实际解释意义的低维空间中，这使得研究者能够更容易地解释和理解数据的结构。常见的旋转方法包括方差最大化（Varimax）、等方差最大化（Equamax）和 Promax 等。在旋转后，通常会关注以下三个关键指标：特征值、解释方差和累计方差。

特征值是旋转后各个维度（或成分）的方差值，是用于描述数据的一种重要指标。在某种程度上，特征值可以反映该维度对整体方差的贡献程度。较大的特征值意味着该维度对整体方差的解释能力更强。通常会将特征值按照从大到小的顺序排列，以便更好地理解哪些维度对数据的解释能力较强。在进行旋转后，研究者可以计算旋转后数据的特征值。这些特征值可以反映旋转后各维度对原始数据的解释程度。一般情况下，如果一个维度的特征值较大，说明这个维度对原始数据的解释程度较高；反之，如果一个维度的特征值较小，则说明这个维度对原始数据的解释程度较低。

解释方差是指某个维度对原始数据方差的解释程度。在多元统计分析中，解释方差通常用于评估降维方法的效果。如果降维后的数据能够保留原始数据的大部分方差，那么这个降维方法就是成功的。同时，解释方差也可以理解为每个维度解释的方差百分比。它可以帮助研究者理解每个维度对整体方差的贡献百分比。解释方差通常是通过计算该维度方差与整体方差的比值来得到的。如果某个维度的解释方差较大，说明这个维度对原始数据的解释程度较高；反之，如果某个维度的解释方差较小，则说明这个维度对原始数据的解释程度较低。例如，如果一个数据集的总体方差为 100，而某个维度解释了 60% 的方差，那么这个维度的解释方差就是 60/100=0.6。在计算旋转后数据的解释方差时，通常采用以下步骤：首先计算原始数据的协方差矩阵；其次计算旋转后数据的协方差矩阵；最后计算旋转后数据的解释方差，即将旋转后数据的协方差矩阵的特征值与原始数据的协方差矩阵的特征值相减，得到的就是旋转后数据对原始数据的解释方差。

累计方差是指某个维度对原始数据累计方差的解释程度。在多元统计分析中，累计方差通常用于评估降维方法的效果。如果降维后的数据能够保留原始数据的大部分累计方差，那么这个降维方法就是成功的。如果某个维度的累计方差较大，说明这个维度对原始数据的解释程度较高；反之，如果某个维度的累计方差较小，则说明这个维度对原始数据的解释程度较低。累计方差是在考虑了所有前面的维度之后，后面维度能够解释的方差百分比。累计方差可以帮助研究者理解前几个维度是否已经包含了大部分的方差，从而决定是否需要进一步考虑后面的维度。例如，如果前两个维度解释了70%的方差，那么后面维度的累计方差可能就不会超过30%。在这种情况下，研究者可能就不需要再考虑后面的维度了。

此外，累计方差的曲线图也是一种非常有用的工具，可以帮助研究者理解数据集的结构。在累计方差曲线图中，如果前几个维度有明显的"跳跃"或者"峰值"，这可能意味着这些维度已经包含了大部分的方差，而后面的维度可能只会解释一小部分的方差。相反，如果累计方差曲线图在前面的维度上增长缓慢，而在后面的维度上突然加速增长，这可能意味着前面的维度只解释了一小部分的方差，而后面的维度可能会解释更多的方差。

总之，旋转后各维度的特征值、解释方差和累计方差都是用于评估降维方法效果的重要指标。这些指标可以帮助研究者更好地理解数据的结构，从而更好地进行数据分析。

三、调查数据结果与分析

在因子分析与主成分分析的基础上，本研究将初始共同因子中方差较小的因子排除。旋转后的成分矩阵表明：特征值大于等于1的主成分有四个维度，分别是"经济""就业""他人影响""职业理想"，这四个维度的累计方差达到了71.534%，较好地解释了主要成分的方差（见表1–1）。

其中，"经济"维度的特征值为 2.204，解释方差高达 31.479%，与公费定向师范生报考公费定向师范专业的关系最为密切，关联性最强，其内涵指向是"有经济补贴"。大学的学杂费相对较高，一定程度上增加了学生家庭的经济压力，因此"经济补贴"成为学生报考公费定向师范专业的首要动机因素。"就业"维度的特征值为 1.286，解释方差为 15.518%，关联性较强，其内涵指向是"就业保障"。目前大学生就业状况整体不佳，教师职业同样竞争激烈，而地方教育行政部门为公费定向师范生落实任教学校，无就业之忧，成为高中生报考的重要动机。"他人影响"维度的特征值为 1.123，解释方差为 13.189%，关联性为第三位。许多家长认为公费定向师范生有就业保障且有经济补贴，对孩子今后工作发展有利，因而鼓励、支持、劝导孩子报考公费定向师范专业。"职业理想"维度的特征值为 1.094，解释方差为 11.348%，与公费定向师范生报考公费定向师范专业关联性较弱，是学生报考公费定向师范专业的第四动机。现实当中不难发现，一些公费定向师范生热爱乡村教育事业，乐意成为一名乡村教师，为家乡教育事业做出贡献。四大入学动机的累计方差达到了 71.534%，远超 50% 的解释率，能够解释公费定向师范生报考公费定向师范专业的主要动机。[1]

---

[1] 在数据分析的领域中，旋转后累积方差（PCA，Principal Component Analysis）是一种常用的技术，用于降低数据的维度，同时保留数据中的主要特征。方差解释率越大，说明主成分包含原数据信息的越多。在方差解释率小于 50% 时，表示当前数据为不可信状态。在方差解释率小于 80% 大于等于 50% 时，表示当前数据为一般可信状态。

表 1-1　旋转后各维度的特征值、解释方差和累计方差

维度	因子	动机	特征值	解释方差 %	累计方差 %
经济	1. 大学（非公费定向师范专业）学杂费太高 2. 公费定向师范生可免缴住宿费 3. 公费定向师范生可免缴学费 4. 公费定向师范生可享受每月的生活补贴 5. 家庭经济负担重	经济补贴	2.204	31.479	31.479
就业	6. 公费定向师范生毕业后有就业保障 7. 目前的就业状况不佳，工作不好找 8. 教育行政部门为公费定向师范生落实就业	就业保障	1.286	15.518	46.997
他人影响	9. 父母、亲朋好友的支持和劝导 10. 当时身边有同学朋友也报考了公费定向师范专业	他人影响	1.123	13.189	60.186
职业理想	11. 热爱教育事业，做一名教师是自己的理想 12. 希望自己能为家乡教育事业做一点贡献	乡村教师职业理想	1.094	11.348	71.534
成绩	13. 我的高考成绩不突出，不是特别好 14. 实行提前批次录取，有更多录取机会 15. 我的高考成绩不够上省内外名校	增加录取机会	0.756	10.796	—
学校	16. 实施相关政策的高校名誉度较高	学校名誉度高	0.623	8.898	—
政策	17. 教师职业福利待遇越来越好 18. 公费定向师范生所签订的合同条件比较容易接受 19. 公费定向师范毕业生能够回到生源所在地任教	政策条件易接受	0.614	8.772	—

特征值小于 1 的主成分有三个维度，分别是"成绩""学校""政策"（见表 1–1）。其中，"成绩"维度的特征值为 0.756，解释方差为 10.796%，其内涵指向是"增加录取机会"。有一部分公费定向师范生由于高考成绩不理想，达不到省内外双一流高校的录取分数线，无法根据个人的爱好与理想择校。与此同时，这一部分学生了解到公费定向师范专业为提前批次录取，报读能多增加一个录取机会，降低志愿落选风险。职是之故，基于增加录取机会的考虑，一些公费定向师范生选择了公费定向师范专业。但不可否认的是，多数公费定向师范生的高考分数相对优异，甚至达到了国内重点大学的录取分数线，但他们仍坚持选择了报读公费定向师范专业。"学校"维度的特征值为 0.623，解释方差为 8.898%，其内涵指向是"学校名誉度高"。现代社会普遍存在"院校名誉效应"的现象。实施公费定向师范教育政策的高校一般办学历史悠久、名誉度相对较高、群众信任度较好，这些因素直接影响着高考生在填报志愿时的选择。"政策"维度的特征值为 0.614，解释方差为 8.772%，其内涵指向是"政策条件易接受"。公费定向师范生教育采取的是"定向招生、定向录取、定向就业"的模式。学生在学成毕业后，可以定向到家乡或临近家乡的学校任教，定向服务年限只有 6 年，加之教师职业工资和福利待遇不断提高，这也促使一些学生选择报考公费定向师范专业。在多元统计分析中，特征值小于 1，则说明该主成分的解释力度低于直接采用一个原始变量的平均解释力度。因此，虽然"增加录取机会""学校名誉度高""政策条件易接受"可以解释公费定向师范生的入学动机表现，但是从主成分的特征值大于 1 且累计贡献率超过 70% 就能反映研究对象的大部分信息来看，本研究不再对此进行全面分析和深入讨论。

基于以上调查研究数据和分析，发现公费定向师范生具有四大入学动机，分别是"职业理想"动机、"就业保障"动机、"经济补贴"动机和"他人影响"动机。按照动机类别的内外标准划分，"职业理想"属于内因性动机（Intrinsic Motivation），"就业保障""经济补贴""他人影响"属于外因性动机（Extrinsic Motivation）。

内因性动机是指个体在追求某种目标时，因为对目标本身的兴趣、价值和意义而产生的动机。这种动机通常是由个体的内在需求和兴趣所驱动的，而不受外部奖励或惩罚的影响。"好奇心、兴趣、自我实现、自尊心、好胜心、上进心、责任心、荣誉感、义务感、理想等心理因素，在一定条件下都可以转化成为推动人们进行学习和工作的内因性动机。"① "职业理想"作为公费定向师范生内因性动机的重要性在于它能够激发公费定向师范生的内在动力和创造力，使其进入大学校园以后更加投入和专注地追求自己的奋斗目标，怀有强烈的专业学习兴趣，自觉地积累自我的教师专业知识、提升自我的教师专业技能以及激发自我的教师专业情意。内因性动机与个体的幸福感和满足感密切相关，因为个体在追求自己感兴趣和有意义的目标时会感到愉悦和充实。具有"职业理想"入学动机的公费定向师范生，在追求成为乡村教师的过程中，想必他们的大学生活和学习是愉悦的、充实的和幸福的。

外因性动机是指个体在外界环境或外部诱因的作用下产生的动机。这种动机通常与外部奖励或惩罚、任务要求、社会压力等外部因素有关。"父母的奖励和惩罚、老师的表扬、各种竞赛活动、同伴的赏识、'三好学生'的荣誉等都是激发外因性动机的条件。"② "就业保障""经济补贴""他人影响"作为公费定向师范生的外因性入学动机，同样能够激发公费定向师范生努力学习的意愿，从而影响他们的学业成就和专业成长。外因性动机的重要性在于它们可以补充和增强内在动机。"就业保障""经济补贴""他人影响"三大入学动机在一定意义上可以补充和增强公费定向师范生的"职业理想"。

① 何一粟，李洪玉. 成才始于动机［M］. 天津：百花文艺出版社，2009：27.

② 何一粟，李洪玉. 成才始于动机［M］. 天津：百花文艺出版社，2009：30.

第二节　职业理想动机：乡村教育的使命与热情

一、热爱教育的职业理想

职业理想作为一种重要的内因性入学动机，体现了公费定向师范生内心深处对教育事业的热爱之情。调查数据表明：67.61% 的公费定向师范生表示"热爱教育事业，做一名教师是自己的理想"；70.11% 的公费定向师范生表示"非常想成为一名教师"。也就是说，在选择报读公费定向师范专业时，大多数公费定向师范生葆有对教师职业的追求和热爱。正是由于身怀坚定的教育信仰和浓厚的教育热情，所以致使他们在高考志愿填报之人生重要时刻选择了公费定向师范专业。反过来看，作为一种既古老而又崭新的职业，教师在人类历史的长河中一直承担着传承知识、文化、道德的责任和使命。与此同时，教师职业也是那些有志于追求教育事业的人们的选择。教师职业和教师个体两者之间是一定意义上的"双向奔赴"。对于学生而言，面对大学的专业学习和未来的职业发展，大多数公费定向师范生选择报读公费定向师范专业不是一时冲动的行为，没有热爱教育的职业理想动机，是无法想象的。

进一步说，热爱教育的职业理想作为公费定向师范生的入学动机表现，不仅是完全可以理解的，而且是值得欣慰的。"我们对我们产生的动机负责，因为我们的动机不只是为了行动，还为了信念。行动是特殊信念的表达。"[①]没有热爱、没有理想、没有信念的入学动机几乎是不存在的，对于选择将来成为一名教师并从事教育事业的公费定向师范生来说，更是如此。教师职业理想是指教师在教书育人的实践中，根据一定的社会要求和价值标准，对教育目标、教育原则、教育内容和教育方法等方面所形成的根本看法和态度。它既包括对教育事业的热爱与追求，也包括对教育价值的信仰与坚

---

① 　[德]朱利安·尼达－诺姆林. 理性与责任：实践理性的两个基本概念[M]. 迟帅，译. 北京：北京大学出版社，2017：159.

守，更包括对教育对象的尊重与包容。尽管公费定向师范生尚未成为正式的教师，他们的理想信念不同于真正意义上的教师职业理想，但是在对待教育事业的热爱和追求上，两者是一致的。公费定向师范生出于个体意义上对于教师职业理想的理解和践行，同样可以激发他们选择公费定向师范专业。

在教育的漫长旅程中，教师始终扮演着至关重要的角色。他们是知识的传播者，也是学生理想的塑造者。从孔子到陶行知，从苏格拉底（Socrates）到约翰·杜威（John Dewey），人类教育历史上的众多先贤为我们提供了无尽的智慧和启示。然而，在当代社会，随着科技的迅速发展和教育的不断演变，需要重新审视和定义什么样的教师才是"好的"。新时代中国倡导有理想信念、有道德情操、有扎实学识、有仁爱之心的"四有"好老师。

"四有"好老师是一个相辅相成、密不可分的整体。其中，"有理想信念"排在首位，它是教师的灵魂支柱，也是成为"四有"好老师的前提。一个有理想信念的教师会坚定地献身于教育事业，为学生的成长和社会的进步而不懈努力。在此意义上，热爱教育的职业理想作为公费定向师范生的入学动机表现，显明他们身上具有献身于教育事业的热爱和追求，契合了公费定向师范生教育政策的初衷。这是非常难得和值得欣慰的。

另一方面，热爱教育的职业理想作为入学动机，有助于公费定向师范生的专业发展和素养提升。理想信念是一种对教育事业的深层次理解和追求，是教师专业成长的内在动力和基石。一个拥有理想信念的公费定向师范生不仅对教育有着深厚的热爱，还对社会和国家有着强烈的责任感。他们将教育视为一项崇高的事业，愿意为之奉献自己的青春和热血。在他们眼中，教育事业不仅仅是一份工作，而是对未来的信仰和追求。理想信念对公费定向师范生的职业生涯具有决定性的影响。拥有理想信念的公费定向师范生会以更高的标准要求自己，不断提升自己的专业素养和教学能力。他们不仅关注自我的专业知识和技能学习，还注重自我的全面发展，注重提升自我的创新精神和实践能力。同时，理想信念也能帮助公费定向师范生抵御外界的诱惑和压力，坚定教育的初心，持续为高考志愿的选择付出辛勤的努力。

在教育实践中，许多教师正是因为拥有坚定的理想信念，才能在平凡的工作中创造出非凡的成就。他们坚信每个学生都有独特的光芒，通过教育和引导，可以帮助每个学生实现他们的潜能。他们不为名利，不为荣誉，只为了对教育的执着和热爱。对于公费定向师范生而言，热爱教育的职业理想动机不仅是个人的精神支柱，更是推动他们进行专业学习的原动力。一个拥有理想信念的公费定向师范生能在教育事业的追求和热爱中找到自己的价值和意义，将理想信念转化为实际的教育行动，发展自己的专业素养，从而更好地为社会发展、为国家繁荣做出贡献。

总的来说，职业理想作为公费定向师范生入学动机的重要意义不言而喻。职业理想是个人对未来的规划和追求，犹如人生航船的指南针，为人生航程指引方向。职业理想可以为公费定向师范生明确自己的学习目标和发展愿景，引领公费定向师范生的人生方向。职业理想能够激发个体的内在动力，让我们更加积极地去追求和实现它。当公费定向师范生面临挫折和困难时，职业理想能给予他们坚定的信念和动力，促使他们勇往直前。职业理想是个人价值观的体现，它帮助个体塑造自己的价值观和人生观。公费定向师范生通过实现职业理想，能够创造属于自己的价值，为社会和他人做出贡献。

二、奉献家乡的乡土情怀

热爱教育的职业理想作为公费定向师范生的入学动机表现，集中表征为一种奉献家乡的乡土情怀。调查数据表明：68.08%的公费定向师范生来自乡村，71.21%的公费定向师范生"希望自己能为家乡的教育事业做一点贡献"。公费定向师范教育是一种"定向招生、定向培养和定向就业"的教师教育模式，旨在培养一批"下得去""留得住""教得好""有发展"的乡村教师。公费定向师范生毕业后，要到定向范围的乡村学校任教不少于6年。明知选择公费定向师范专业势必要成为乡村教师，他们仍然坚持选择公费定向师范专业，这不仅源于对教育事业的热爱和教师职业的追求，更体现了一种深厚的教育情怀和社会责任。在功利主义泛滥的现代社会中，奉献家乡的乡土情怀正是公费定向师范生培养最大的魅力。

第一，奉献家乡的乡土情怀是公费定向师范生作为中国人的一种特殊情结。在中国的广袤大地上，乡土情怀构成了民族文化的深厚底蕴。这种乡土情怀是中国人对故土的热爱、对传统的尊重和对生活的向往。乡土情结深深植根于中国人的心灵，根源于古代中国的农耕文化。在农耕社会，土地是人们生活的基石，人们对土地的依赖感和亲近感自然而然地产生了对乡土的热爱和敬仰。这种对乡土的深深眷恋，被称为"乡土情结"。加之中国社会的宗法制度和家族观念强化了人们对乡土的情感纽带，促使人们倾向于把自己的生活和祖先的生活联系在一起，把他们的经验和智慧看作是自己的根基。但随着现代中国社会的发展，乡土情结也在发生着变化。城市化进程的加快，使越来越多的人离开了乡村，走向城市。然而，无论人们走到哪里，他们的心中总有一片属于乡村的净土，有着对乡土的眷恋之情，始终如一。多数公费定向师范生在乡村出生，在乡村生活，在乡村长大，那些儿时嬉戏的田野，那些陪伴成长的绿树，那些见证成长的河流，都在他们心中留下了深刻的烙印，自然心中有一份乡土情怀，如同古老的树根，深深地扎根在公费定向师范生的内心深处。

第二，奉献家乡的乡土情怀是公费定向师范生作为教育者的一种责任表达。乡土情怀不仅仅是对家乡的怀念和向往，更是一种责任和奉献。当人们思念家乡的时候，往往想为家乡做些什么。公费定向师范生教育政策一方面能够满足公费定向师范生的教师职业理想诉求，使他们真正成为一名教师；另一方面，他们能够运用自己所学的知识和技能，为家乡教育的发展和进步贡献自己的力量，在奉献家乡中找到属于自我的价值和意义，继而乡土情怀得到升华。当然，承担奉献家乡而扎根乡土教育的责任，不是一件简单的事情。乡村教育工作并不容易，甚至可以说充满了挑战。公费定向师范生毕业后留乡任教，需要"不因环境寂寞而集中都市，不因待遇菲薄而思择肥而噬，不因工作劳苦而求安逸。要以乡村为乐土，乡校为乐园。有困难，去设法解决困难；有阻力，去设法化除阻力；从实际经验中想方法，从劳苦工作中寻快乐"①。正因为如此，在选择公费定向师范专业之时，意味着公费定向师范生做出了"下得去"乡村、"留得住"乡村的承诺和保证，彰显了一种责任与担当。他们将为乡村孩子们带去知识的光明，肩负起引领乡村孩子们成长的重要使命。

第三，奉献家乡的乡土情怀是公费定向师范生作为爱乡人的一种文化传承。在人类历史的长河中，乡土情怀作为一种独特的文化现象，一直以来都是人们心中深厚的情感纽带。乡土情怀不仅仅是一种朴素的情感表达，更是一种对传统文化和历史根源的珍视与传承。无数优秀的传统文化和社会习俗在乡土之中孕育而生。这些文化既包括了一方水土的独特习俗，也涵盖了民族文化的瑰宝。乡土情怀将这些传统文化与习俗代代相传，使得珍贵的文化遗产能够得以留存和发扬。故而，乡土情怀是一种对于传统文化、历史传承和地方特色的尊重与继承。公费定向师范生身为乡村中未来的文化精英和知识分子，本就负有文化传承的重要使命。在乡土情怀的熏陶下，他们对乡土传统文化的尊重和保护将有更深刻的理解，从而传承这些宝贵的文化遗产。

马克斯·韦伯（Max Weber）在《学术作为一种志业》中认为："凡是不能让人怀着热情（Leidenschaft）去从事的事，就人作为人来说，都是不值得的事。"②只有将教师职业作为一种志业来看待，才会更具教育的意义和价值。之所以这样说，主要源于职业与志业两者之间的区别。职业是指为了生计而从事的活动。它为人们提供了收入和成就感，帮助人们实现经济独立和社会地位。职业通常要求具备专业技能和知识，需要在不断学习和发展的过程中提升自己。然而，仅仅追求职业成功并不足以满足人的内心的渴望。人们需要找到那份能让我们全情投入、充满激情的事业。

---

① 宋嶣鑫. 怎样办理乡村教育［J］. 乡村教育，1936（2）：8-12.

② ［德］马克斯·韦伯. 学术与政治［M］. 钱永祥，等译. 上海：上海三联书店，2019：169.

志业不同于职业，它关乎梦想、激情和使命。它是一种追求，一个目标，一个让人感到充实和满足的领域。志业不一定要求具备特定的技能或知识，但需要拥有强烈的兴趣和热情。由此来看，公费定向师范生职业理想之入学动机，充盈着乡村教育的使命与热情，在一定意义上使他们将教师职业作为一种志业来看待，才会释放出职业理想动机的巨大能量。

第三节　就业保障动机：编制与前途的双重吸引

一、有就业保障的"编制承诺"

就业保障作为一种重要的外因性入学动机，体现了公费定向师范专业对公费定向师范生的强大吸引。"入学即入编、毕业即就业"的就业保障，的确让公费定向师范专业格外具有诱惑力。问卷调查结果表明：围绕为什么报读公费定向师范专业而编制的"公费定向师范生毕业后有就业保障"这一问题，有83.10%的公费定向师范生选择了"比较符合"或"完全符合"；针对"教育行政部门为公费定向师范生落实就业"这一问题，有73.87%的公费定向师范生选择了"比较符合"或"完全符合"。不难看出，有保障就业的"编制承诺"，并且不用参加真正意义上的入编招聘考试，对公费定向师范生选择报读公费定向师范专业具有巨大的推动作用。

第一，有就业保障是由教育行政部门做出的"编制承诺"，政策可信度高，吸引了公费定向师范生的高考志愿选择。在公共政策领域，可信度是一个至关重要的概念。政策可信度是指社会公众对政府决策和政策执行的可信程度，它是一种衡量政府公信力的标准。政策可信度像一座桥梁，连接着政策制定者与社会民众，传递着信任与承诺。"入学即入编、毕业即就业"的公费定向师范教育政策及其执行，保证了公费定向师范生只要正常毕业，任教定向地区学校以后，就是"有编有岗"的。凡此种种，给予了公众和学生对公费定向师范教育政策制定与执行过程极大的信任程度。例如，2023年1月9日，教育部办公厅发布《关于做好2023届教育部直属师范大学公费师范毕业生就业工作的通知》（教师厅函〔2022〕35号），其中提出"各省级教育行政部门要持续组织公费师范生专场招聘活动，通过优先利用空编接收等办法，保障符合就业条件的公费师范生有编有岗，全部落实任教学校，严禁'有编不补'"①。又如，2020年4月22日，广东省教育厅、中共广东省委机构编制委员会办公室、广东省财政厅、广东省人力资源和社会保障厅共同发布了《关于公费定向培养粤东粤西粤北地区中小学教师的实施办法》（粤教师〔2020〕2号），其中第七条"就业安排及履约管理"明确提出，"根据公费定向培养协议书和当年就业政策要求，在公费定向培养对象毕业时……用人单位要与公费定向培养对象签订聘用合同，按照事业单位新进人员规定办理相关手续，确保公费定向培养对象到公办学校任教有编有岗"②。教育行政部门所做出的"编制承诺"以及由此所引发的政策可信度，自然吸引着学生报读公费定向师范专业。

第二，有就业保障是由教育行政部门做出的"编制承诺"，工作稳定性强，助力公费定向师范生的高考志愿选择。在当今社会，人们普遍认为教师是一种稳定的职业，拥有事业编制身份就拥有了所谓的"铁饭碗"。这一观念根深蒂固，以至于每年都有大量大学毕业生为了获得教师编制身份而不遗余力。教师事业编制的吸引力，最大的特点就是稳定性强。在中国传统文化中，稳定的生活环境一直被视为理想的生活状态。"编"即意味着安定，"制"则代表着有序。工作稳定性的追求反映了中国人对和谐生活的向往。然而，这种追求并不意味着停滞不前。相反，中国人对事业编制的重视往往与对个人发展的期待并存。在事业编制体系中，个人可以

---

① 中华人民共和国教育部. 教育部办公厅发布《关于做好2023届教育部直属师范大学公费师范毕业生就业工作的通知》［EB/OL］.［2023-01-09］. http://www.moe.gov.cn/srcsite/A10/s7011/202301/t20230109_1038734.html.

② 广东省教育厅. 广东省教育厅、中共广东省委机构编制委员会办公室、广东省财政厅、广东省人力资源和社会保障厅关于公费定向培养粤东粤西粤北地区中小学教师的实施办法［EB/OL］.［2020-04-22］. http://edu.gd.gov.cn/gkmlpt/content/3/3382/post_3382038.html#1621.

通过努力，实现自我价值的提升，获得更高的社会地位和尊重。在充满变化和挑战的现代社会中，人们对于工作的稳定性越来越重视。而公费定向师范生教育政策中有就业保障的"编制承诺"，恰恰满足了许多学生对于工作稳定性需求的渴望。"入学即入编、毕业即就业"相当于为公费定向师范生提供了一份旱涝保收的稳定工作。无论是经济繁荣还是经济萧条，拥有事业编制的公费定向师范生都能确保收入稳定。在社会主义市场经济环境下，企业因经济波动或行业调整可能会进行裁员或倒闭，而获得事业编制身份的教师则无须担心这些问题。各级政府提供的教师事业编制岗位，通常不会因经济环境的变化而进行辞退或解雇。可见，报读公费定向师范专业的政策条件具有巨大吸引力，在一定意义上影响着学生的高考志愿选择。

进一步说，在中国社会中，职业地位是个体社会地位的重要体现。事业编制不仅意味着获得一份稳定的工作，还意味着能够获得一份社会地位较高的职业。对于教师的事业编制身份来说，这种意义更为重要。受传统尊师重道观念的影响，由于教师职业的稳定性、安全性和社会认可度较高，拥有事业编制岗位的教师往往能获得更多的社会尊重。教师的社会地位蕴藏的象征意义，有时甚至超过了实际的物质收益。这成为众多大学毕业生追求教师事业编制工作的重要理由。同时，事业编制的数量是有限的。在各教育局和中小学校公开招聘教师时，报名人数较多，导致竞聘者竞争压力很大，使得获得事业编制的教师具有一定的优越感。学生报读公费定向师范专业，成为一名公费定向师范生，只要能够顺利毕业，无须参加竞争激烈的教师招聘考试，即可获得事业编制的教师身份。教师的事业编制身份在中国社会中的崇高地位，同样影响着学生的高考志愿选择。

二、就业压力下的"前途托底"

如前所述，公费定向师范生享受着就业保障的"编制承诺"之红利政策。对于大学生来说，选择了公费定向师范专业相当于选择了一份"有编有岗"

的教师职业。反过来看，就业保障作为公费定向师范生入学动机表现，不仅在于教育政策提供的"编制承诺"，而且在于大学生就业压力之下的"前途托底"。问卷调查数据表明：65.26%的公费定向师范生认为"目前的就业状况不佳，工作不好找"，这是他们选择报读公费定向师范专业的主要原因之一。问题的关键在于：学生选择了公费定向师范专业以后，就业压力便与之绝缘了，因为公费定向师范生毕业后不需要去找工作，毕业即就业，有编有岗，知晓自己的前途方向。不受就业压力影响的公费定向师范生，在大学期间享有更多专业知识学习、专业技能训练、实践活动参与的自由选择权，可以安心专注于专业的成长与发展。按照公费定向师范生教育政策，就业保障可以被理解为既是一种"编制承诺"，又是一种"前途托底"。在就业压力下，学生一旦选择公费定向师范专业便能"前途有卜"，这势必增加了学生选择报读公费定向师范专业的概率。

第一，就业压力下的"前途托底"保证了公费定向师范生不存在就业压力，继而吸引了学生报读公费定向师范专业。从2000年开始，大学毕业生人数增长速度加快。全国教育事业发展统计公报显示：2000年全国普通高等教育毕业生94.98万人，到2022年已经攀升到1052.56万人。[①] 随着中国高等教育普及化进程的快速发展，大学生就业的压力越来越大。过去，大学生被视为就业市场的香饽饽，毕业后往往能够轻松找到一份体面的工作。然而，如今的大学生就业难已经成为一个不容忽视的社会问题。当前大学生就业难的一个突出问题是就业结构失衡。尽管有些师范生毕业后能够进入公办学校和一线城市工作，但大多数师范生的就业形势并不理想。一些师范生被迫选择在私立学校和教育公司工作，有些人甚至无法找到合适的工作。这种就业结构失衡的现象导致了师范生就业市场的混乱和不稳定。更严峻的是，越来越多的非师范生加入教师岗位的竞争中。这些

---

①　数据来源：2000年全国教育事业发展统计公报，具体网址：http://www.moe.gov.cn/jyb_sjzl/sjzl_fztjgb/tnull_843.html；2022年全国教育事业发展统计公报，具体网址：http://www.moe.gov.cn/jyb_sjzl/sjzl_fztjgb/202307/t20230705_1067278.html。

竞争者不仅具备扎实的专业知识，而且拥有丰富的实践经验，给师范生的就业带来了更大的压力。诚然，在高考志愿填报时，如果学生选择就读"前途托底"的公费定向师范专业，那么他们将来并不受到就业结构失衡的影响。归根结底，公费定向师范生无须担心就业问题，入学基本上等于入编了，毫无就业压力。面对一个毕业后并不存在就业压力的师范专业，想必很多学生会优先考虑。

第二，就业压力下的"前途托底"保证了公费定向师范生职业发展清晰明朗，继而提升了公费定向师范专业本身的吸引力。大学生就业压力的另一个突出问题表现为就业质量不高。许多学生毕业后找到的工作与所学专业不相关，无法发挥自己的专业知识优势和专业技能特长。一些学生即使找到了工作，但在工作中也面临各种各样的问题，如工资待遇低、工作压力大、职业发展前景不明朗等。这些问题不仅影响学生的职业发展，也使他们对未来的职业规划失去信心。然而，那些选择就读"前途托底"的公费定向师范专业的学生，一般按照三方协议的条款，毕业以后前往定向地区任教。在整个培养过程中，公费定向师范生不会缺失职业规划，因为他们在大学期间已经具有明确的职业目标和发展方向——努力发展成为一名教师。由于就业保障为公费定向师范生的职业前途提供了"托底"，因而公费定向师范生的职业发展清晰明朗，在此基础上，他们只需努力学习扎实的教师专业知识与技能，提升自我在教学理论、教学方法、语言表达、组织协调、人际交往等方面的综合能力，以便更好地胜任未来的教育工作。不难看到，学生只要选择就读公费定向师范专业，其职业发展就会变得清晰明朗，基本明确了大学期间学习的任务和目标。公开透明的职业发展方向彰显了公费定向师范专业的独特优势，容易吸引学生去关注、去考虑、去报考。

德国社会学家乌尔里希·贝克（Ulrich Beck）提出，现代社会的特征在于其工业化和科技进步导致的复杂性和不确定性，使得人类面临着各种不可预测的风险，由此导致人们生活在一种由不断增长的、不可预测的、不可控制的风险和危害所组成的世界里，一言以蔽之，现代社会是一个风险社会（Risk Society）。现代社会的风险不仅包括环境污染、疾病传播等传统风险，还包括信息技术、生物科技等新兴风险，甚至可以说风险渗透到了人类生活的各个领域，新型冠状病毒肺炎（Corona Virus Disease 2019）的暴发就是典型表现。在风险社会语境下，人们普遍对于"稳定的工作"有了更强烈的追求，选择一个具有就业保障的大学专业学习，无论是入学即入编，或者是毕业即就业，"编制"与"前途"两个因素无疑对学生有着双重的吸引力。正如现实中有人调侃的那样："宇宙的尽头是考编。"公费定向师范生教育政策中"保证有编有岗"，仅此一条，就牢牢地抓住了广大学生和家长的心。

第四节 经济补贴动机：免费与补贴的两大推拉

一、免费上大学的经济助推

经济补贴是一种特殊的外因性入学动机。从经济角度来看，接受大学教育可以被视为一种教育投资。对于学生来说，接受高等教育意味着投资自己的未来。学生在大学期间的教育投资，既包括时间的投入，又包括金钱的投入，以时间和金钱来获取知识和技能，而知识和技能将在未来的职业生涯中为他们带来经济回报。公费定向师范生可以享受免费上大学的待遇，意味着个人所需承担的教育成本减少，相应地，未来获得的教育收益增加。例如，广东省教育厅、中共广东省委机构编制委员会办公室、广东省财政厅、广东省人力资源和社会保障厅发布的《关于公费定向培养粤东粤西粤北地区中小学教师的实施办法》中明确指出，"公费定向培养经费由省级财政统筹安排，按照本专科学历层次每生每年2万元、硕士研究生学历层次每生每年3万元的标准安排给各培养院校。由各培养院校负责统筹管理和使用，专项用于公费定向培养对象在培养院校基本修业期内免除学费、住宿费、军训服装费、教材资料费和实习实践费"①。免费上大学，不用交学费、住宿费、教材费等，一定程度上使得公费定向师范专业具有非比寻常的吸引力。在社会主义市场经济体制下，公费定向师范教育的免费属性引发学生选择报读公费定向师范专业的热情。

一方面，免费上大学节省了个人的教育投资，对于学生而言，具有难以抵挡的吸引力。人类正生活在一个物质丰富、选择多样的新时代。在这个时代，一个普遍的现象是，人们越来越热衷于寻找那些能够满足自身需求的事物，而免费的事物往往具备不可抵挡的吸引力。想象一下，无论是在现实生活中，还是在互联网上，免费的事物随处可见，而人们也常常被它们所吸引。吸引的原因在于免费的事物能够节省大量的金钱。同理，免费上大学可以为公费定向师范生省去学费、住宿费、军训服装费、教材资料费和实习实践费。对于很多学生来说，上大学的教育成本是他们需要考虑的重要因素。因此，如果能够获得读大学的机会而免除学费、住宿费、教材费等，那么势必节省了个人的教育投资。问卷调查结果表明：围绕为什么报读公费定向师范专业而编制的"公费定向师范生可免缴住宿费"这一问题，有77.78%的公费定向师范生选择了"比较符合"或"完全符合"；针对"公费定向师范生可免缴学费"这一问题，有89.51%的公费定向师范生选择了"比较符合"或"完全符合"。可见，绝大多数的公费定向师范生在能够免费上大学的优惠政策之下，明显具有了选择报读公费定向师范专业的倾向。或者说，免费上大学对于大部分学生有着难以抵挡的吸引力。

另一方面，免费上大学减轻了家庭的经济负担，无论是在经济上，还是在心理上，都使人产生一种成就感和满足感。免费的事物能够为人们带来许多快乐和愉悦。很多免费的活动和娱乐项目都是非常有趣和吸引人的。例如，免费的公园、免费的博物馆、免费的电影、免费的餐券等。这些活

---

① 广东省教育厅. 广东省教育厅、中共广东省委机构编制委员会办公室、广东省财政厅、广东省人力资源和社会保障厅关于公费定向培养粤东粤西粤北地区中小学教师的实施办法［EB/OL］.［2020-04-22］. http://edu.gd.gov.cn/gkmlpt/content/3/3382/post_3382038.html#1621.

动和项目不仅能够帮助人们放松身心，缓解压力，还能够让人感受到生活的美好和丰富多样。以此来看，免费上大学能够让学生和家长在心理上得到满足。因为免费上大学会让学生和家长直接想到了减轻家庭经济负担。整体来说，公办大学由于受到国家或地方财政经费的支持，学费通常不高，普通类专业每年约4000—6000元，艺术类专业每年约8000—15000元；民办大学由于需要自筹资金，一般学费较贵，通常本科专业每年约15000—25000元，专科专业每年约8000—15000元，也有学费超过20000元每年的。但对于许多经济收入不高的家庭来说，教育费用可能是他们最大的经济负担。如果能够免费上大学，将极大地减轻家庭的经济压力。问卷调查结果表明：针对"家里经济负担较重"这一问题，有60.41%的公费定向师范生选择了"比较符合"或"完全符合"。在高等教育成本逐年增长的社会背景下，免费上大学往往会使人产生一种"赚到了"的心态，产生一种成就感和满足感。成就感和满足感进一步引发了学生选择报读公费定向师范专业。

追溯历史可以发现，在改革开放之前，中国的高等教育实行的是免费教育制度，大学学费基本上由国家承担，高等师范教育更是如此。然而，随着改革开放的深入推进，大学学费免费制度逐渐暴露出一些弊端，如国家财政负担过重、缺乏激励机制等。职是之故，从20世纪80年代开始，我国政府开始对高等教育进行改革，逐步推行大学学费制度的市场化。在市场化改革的初期，我国大学学费制度的重点是扩大高校办学自主权，建立以国家财政投入为主、社会力量参与的多元化投入机制，其中最著名的是"双轨制"的实行。所谓"双轨制"，是指对高等教育实行收费，但不同专业的学费标准不尽相同，与此同时，政府仍然为低收入家庭的大学生提供一定的补贴和贷款，如助学贷款、奖学金、助学金等。这一制度的实施，使得我国的大学学费制度更加公平和合理。除此之外，近些年来公费定向师范教育作为大学学费制度市场化之外的一个特殊存在，节省了个人的教育投资，减轻了家庭的经济负担，免费上大学确实能有效激发学生选择报读公费定向师范专业的动机心理。

二、上学有补贴的动力强化

公费定向师范教育的政策优势，不仅在于大学基本修业期内免除公费定向师范生的学费、住宿费、军训服装费、教材资料费和实习实践费，而且在于为公费定向师范生发放生活补助费。从全国范围内来看，公费定向师范生享受到的生活补助费，有的省份一年多达8000元，有的省份至少一年4000元，即不同省份的发放标准有所不同。例如，广东省公费定向师范生的"生活补助费标准为每生每年8000元，按照一年10个月按月发放，生活补助费标准由省教育厅会同省财政厅根据国家政策和经济社会发展水平适时调整"①。又如，山东省公费定向师范生的"生活补助经费标准为每生每年4000元，学校按每人每月（共10个月，寒暑假除外）400元标准足额发放给公费师范生。根据经济发展水平和财力状况，逐步提高公费师范生经费拨付标准和生活补助标准"②。再如，四川省公费定向师范生"在校期间免缴学费、住宿费，并享受在校期间每学年十个月生活补助（600元/生·月）……优秀公费师范生按有关规定可同时享受奖学金资助政策"③。尽管全国各省公费定向师范生的生活补助标准不一，但是能够享受到每月的生活补贴是一个客观事实。选择公费定向师范专业既可以免费上大学，又可以上学有补贴。这种激励措施使得更多优秀的学生选择报读公费定向师范专业。

---

① 广东省教育厅. 广东省教育厅、中共广东省委机构编制委员会办公室、广东省财政厅、广东省人力资源和社会保障厅关于公费定向培养粤东粤西粤北地区中小学教师的实施办法［EB/OL］.［2020-04-22］. http://edu.gd.gov.cn/gkmlpt/content/3/3382/post_3382038.html#1621.

② 山东省教育厅、中共山东省委机构编制委员会办公室、山东省财政厅、山东省人力资源和社会保障厅. 山东省教育厅等部门关于印发山东省师范生公费教育实施办法的通知［EB/OL］.［2020-01-03］. http://www.shandong.gov.cn/art/2020/1/3/art_107851_79370.html.

③ 四川省教育厅等四部门关于开展师范生公费定向培养工作的实施意见（川教〔2018〕83号）［EB/OL］.［2018-06-04］. http://edu.sc.gov.cn/scedu/c102594/2018/6/4/123730cbf6cd4be78fe528e81ae59775.shtml.

　　其一，上学有补贴有助于减轻学生在经济上的后顾之忧，促使他们在高考志愿选择时更加关注公费定向师范专业。选择报读公费定向师范专业的学生大多来自农村家庭，家境并不富裕。一项某省属院校免费师范生的调查结果显示："在生源结构上，选择免费师范教育的学生大多出身于农村家庭；在家庭背景上，农民、产业工人以及离退休、无业、失业、半失业人员等弱势阶层子女占据了大多数，为73.8%，而优势阶层的子女只占3.1%。"[①]公费定向师范生生活补助费的实施可以帮助家境一般的学生解决一些日常生活费用，有效地减轻了公费定向师范生的经济压力，提高了他们的学习和生活质量。问卷调查研究发现：围绕为什么报读公费定向师范专业而编制的"公费定向师范生可享受每月的生活补贴"这一问题，有69.01%的公费定向师范生选择了"比较符合"或"完全符合"。显而易见，公费定向师范生的生活补助费能够减轻学生在经济方面的负担，特别是为那些有志于从事教育事业的优秀学生提供了实质性的经济支持，吸引了更多优秀学生选择公费定向师范生作为他们的职业道路。

　　其二，上学有补贴等同于变相增加家庭收入，进一步强化了学生在高考志愿选择时填报公费定向师范专业的动机心理。在当今社会，家庭月收入已经成为衡量一个家庭经济状况的重要指标。无论是买房、购车、子女教育，还是日常生活费用的支付，都需要一定的家庭收入作为支撑。问卷调查数据表明：15.50%的公费定向师范生家庭月收入不高于2000元；44.13%的公费定向师范生家庭月收入2000—5000元，也就是说，大约60%的公费定向师范生家庭月收入不高于5000元。按照一家三口人计算，60%的公费定向师范生家庭人均年收入不高于20000元。这一数据远远低于全国居民人均可支配收入，也未达到全国居民人均可支配收入中位数（见表1-2）。对于多数公费定向师范生而言，不论是为每年多达8000元的生活补贴，或者说每年少为8000元的生活补贴而拼搏，皆是变相增加家庭

　　① 王晓诚，车丽娜，徐继存.免费师范生招生录取工作的社会学分析——基于对省属院校免费师范生数据的分析［J］.当代教育科学，2018（8）：72-77.

收入的一种表现。与此同时，根据"全国居民按收入五等份分组的收入情况"显示：2022 年低收入组家庭居民人均可支配收入是 8601 元；中间偏下收入组家庭居民人均可支配收入为 19303 元（见表 1–3）。基于此标准，60% 的公费定向师范生家庭人均可支配收入处于"低收入组"或者"中间偏下收入组"。上学有补贴的政策优势，在学生高考志愿选择时，确实能够增加其填报公费定向师范专业的概率。

表 1–2　全国居民人均收入情况（单位：元）①

指标	2022 年	2021 年	2020 年	2019 年	2018 年
居民人均可支配收入	36883	35128	32189	30733	28228
居民人均可支配收入中位数	31370	29975	27540	26523	24336
居民人均可支配工资性收入	20590	19629	17917	17186	15829
居民人均可支配经营净收入	6175	5893	5307	5247	4852
居民人均可支配财产净收入	3227	3076	2791	2619	2379
居民人均可支配转移净收入	6892	6531	6173	5680	5168

注：人均收入中位数是指将所有调查户按人均收入水平从低到高（或从高到低）顺序排列，处于最中间位置调查户的人均收入。

表 1–3　全国居民按收入五等份分组的收入情况（单位：元）②

指标	2022 年	2021 年	2020 年	2019 年	2018 年
低收入组家庭居民人均可支配收入	8601	8333	7869	7380	6440
中间偏下收入组家庭居民人均可支配收入	19303	18445	16443	15777	14361
中间收入组家庭居民人均可支配收入	30598	29053	26249	25035	23189

---

① 数据来源：中华人民共和国国家统计局网站，具体网址为：https://data.stats.gov.cn/easyquery.htm？cn=C01。

② 数据来源：中华人民共和国国家统计局网站，具体网址为：https://data.stats.gov.cn/easyquery.htm？cn=C01。

续表

指标	2022 年	2021 年	2020 年	2019 年	2018 年
中间偏上收入组家庭居民人均可支配收入	47397	44949	41172	39230	36471
高收入组家庭居民人均可支配收入	90116	85836	80294	76401	70640

注：全国居民五等份收入分组是指将所有调查户按人均收入水平从低到高顺序排列，平均分为五个等份，处于最低 20% 的收入家庭为低收入组，依此类推依次为中间偏下收入组、中间收入组、中间偏上收入组、高收入组。

第五节　他人影响动机：亲朋与榜样的激励力量

一、父母意见的直接影响

社会认同理论代表人物斯坦利·米尔格拉姆（Stanley Milgram）提出，个体的行为不仅受到自身内在需求的影响，还受到来自社会的压力和其他人的影响，人们往往会改变他们的行为或态度，以符合周围人的期望和价值观。现实表明个体的行为无时无刻不在受到他人的影响。无论是微小的日常习惯，还是重大的价值观形成，他人的影响都如影随形，深入人们生活的每一个角落。或许，当我们在公园里散步，我们受到那些正在运动的他人的影响，开始加快步伐；当我们在餐厅就餐，我们受到那些安静吃饭的他人的影响，也开始安静地享受美食。这就是他人影响行为的力量，一种无形的力量，一种塑造的力量。对于公费定向师范生而言，他人影响是一种重要的外因性入学动机。在父母的劝导下，在亲人的支持下，公费定向师范生极有可能选择公费定向师范专业，而问卷调查结果正好印证了这一推测。围绕为什么报读公费定向师范专业而编制的"父母、好友的支持和劝导"这一问题，有 84.19% 的公费定向师范生选择了"比较符合"或"完全符合"。亲朋好友的意见和建议在无形之中直接影响了学生高考志愿的填报和选择。

首先，父母的意见可以帮助学生避免决策风险，那些热衷于公费定向师范教育政策的家长直接影响学生在高考志愿填报时优先选择公费定向师范专业。在人生的众多重要决定中，高考志愿填报是一项关键的决策。选择大学不仅仅是决定在哪里度过四年时光，更是涉及未来的职业道路、兴趣爱好以及人生价值观的重大决定。对于许多学生来说，大学和专业的选择可能会让他们感到困惑和不安，不知道应该如何做出选择。因为从小学到中学，学校教育过于注重学科知识的传授，而忽视了职业规划的引导，导致学生很少有机会接受职业生涯规划的指导和发展。于是，许多学生听从父母的建议和意见，避免大学专业的盲目选择，以此减少高考志愿选择的不确定性。在此意义上，一些公费定向师范生在高考结束以后，对于大学专业的选择，为了避免决策风险，会对父母的意见产生一定的依赖。碰巧的是，许多父母觉得公费定向师范教育政策非常不错，不仅将来就业有保障，有编有岗，而且免除学费、住宿费、教材费，发放生活补贴，因而会根据自己的经验和观点为子女提出选择公费定向师范专业的建议。在这个过程中，有些学生会坚持自己的兴趣和梦想，但有些学生则听从了父母的意见，选择成为一名公费定向师范生。

其次，学生采纳父母的意见不仅可以满足父母的期望和要求，而且还能平衡个人意愿和家庭期望，两大利好直接影响学生在高考志愿填报时优先选择公费定向师范专业。许多父母希望孩子能够按照他们的期望和要求选择大学专业。他们可能会为孩子设定一定的目标和标准，并认为这是对孩子最好的选择。对此，我们不能否认父母的经验和见识。在生活阅历上，父母可能比孩子更有发言权。他们对社会的认知、对职业前景的见解，都能为孩子提供宝贵的参考。而且，父母往往更注重实际，他们的建议常常基于对子女的了解和关爱，他们希望自己的孩子能够避免一些不必要的错误，少走弯路。在此意义上，有些看好公费定向师范教育政策的父母，可能会强调公费定向师范教育政策的优势和特点，以及对未来教师职业发展的光明前景。在高考志愿填报的过程中，听从父母的意见并不是一种消极或逃避自主决策的方式。相反，如果学生采纳父母的报考意见，选择公费定向师范专业，便意味着与父母达成共识，满足了他们的期望和要求，进而使家庭氛围更加和谐。通过尊重并借鉴父母的视野、经验和建议，学生在高考志愿填报时优先选择公费定向师范专业，其实也更好地平衡了个人意愿和家庭期望。

哲学人类学的一些学派认为，自我是一个"社会性自我"。"我们作为个体出生时所进入的位置，比如我们所属的家庭、邻里、社会接触、社会阶级、社会性别、族群，以及我们被教育的信念与价值，这些都会给我们所养成的自我，留下可观的印记。我们周遭那些人，将会以各种各样的方式，对我们自我的形象作出评判、施加影响、产生映射。"[①] 父母作为孩子的重要他人，在孩子高考志愿选择时极有可能给他（她）带来直接的影响，这一点已经在公费定向师范生入学动机的问卷调查中得到了证实。在孩子成长的过程中，父母扮演着至关重要的角色。他们不仅为孩子提供物质上的支持，还为孩子提供精神上的指导。父母的关爱和教诲深深影响着孩子未来的发展。当然，孩子有权利追求自己的梦想和兴趣。如果盲目听从父母的建议，可能会在未来的职业生涯中感到乏味和厌倦。如果孩子能在自己喜欢的领域里投入热情，即使面临困难，也能找到解决问题的动力和方法。即便孩子与父母在高考志愿选择时产生冲突，但这并不一定会影响到家庭关系，通过良好的沟通和理解，完全有可能与父母达成共识。但从公费定向师范生入学动机之他人影响来看，父母意见的直接影响是客观的，也是重要的。

二、老师、同学的行为作用

他人影响作为公费定向师范生入学动机的理论前提，乃是重要他人理论。重要他人理论起源于20世纪初，由社会学家乔治·赫伯特·米德（George

---

① ［英］伯基特. 社会性自我：自我与社会面面观［M］. 李康，译. 北京：北京大学出版社，2012：4-5.

Herbert Mead）首先提出。该理论主要关注个体在社会互动过程中建立的重要关系，以及这些关系对个体行为、信仰、价值观等方面的影响。个体成长过程中，重要关系通常包括父母、亲人、老师和同学等，他们以示范、支持、关心和肯定的方式对个体的成长产生深远影响。故而他人影响作为公费定向师范生的入学动机表现，不仅是指父母、亲人的意见和建议影响其报考公费定向师范专业，还包含教师、同学的行为和选择影响其报考公费定向师范专业。当公费定向师范生面临困难和抉择时，无论是教师还是同学，作为重要他人的他们，往往会给予其关怀、支持和激励，继而帮助学生在困难中保持信心并继续前进。在教师的激励下，在同学的支持下，受困于高考志愿选择的学生很有可能做出选择公费定向师范专业的决策。

第一，教师是学生学习知识和选择职业的榜样，学生可能受到老师的影响而选择从教，进而选择公费定向师范专业。学生受老师影响而爱上教师职业是一个常见的社会现象。《长大后我就成了你》是一首感人肺腑的歌曲，许多人会哼唱。歌曲道出了莘莘学子对老师的感恩与怀念，多少孩子幻想着长大后接过自己老师的教杆，成为一名同样优秀的教师，上演一出"曾为恩师、今为同事"的动人故事。有人剖析了在学生时代受到老师的影响而选择从教的机制："学生时代老师的影响是他们选择从教的重要因素。与此同时，这种影响作用发挥背后有一定的规律可循。首先，能够对'我'的职业选择产生影响且指向教师职业的老师，往往都是'我'心目中的好教师，这是影响产生的前提。其次，通过一定的契机，这些'我'心目中的好教师让'我'对教师职业产生了积极的认知，主要体现在职业感知和个人感知两个方面，这是影响产生的关键一环。最后，积极的教师职业认知触发了'我'的从教动机，坚定了'我'的从教信念，使影响得以真正发生。"[1] 在学生时代，老师的人格魅力、专业知识、教学风格等因素共同塑造了他们在学生心中的形象。一个富有个性魅力、知识渊博且

---

[1]　汪明帅，卓玉婷. 为什么选择当老师——学生时代老师影响从教选择的机制及启示[J]. 全球教育展望，2023，52（5）：92-104.

擅长教学的教师，往往能赢得学生的尊敬和模仿，促使学生产生一种"向师性"。向师性的核心在于学生对老师的认同和尊重，而认同和尊重又会促使学生接受教师的教诲和激励，并在学习和行为上效仿教师，甚至选择从事教师职业。在公费定向师范生中小学阶段的学习与生活中，老师与他们有密切接触并对他们产生深远影响，老师的行为和成就是他们现实生活中可以观察到的，而不是遥不可及的理想化形象。如果老师对公费定向师范生充满热情，对教学有深入理解，那么这种影响力往往是积极的，可以引导他们对教育产生深深的热爱。老师在公费定向师范生的心中留下的印象，往往会在他们职业选择或专业报读时发挥重要的作用。

第二，同学是学生学习知识的伙伴，也是专业选择的参考，学生可能受到同学的影响而选择公费定向师范专业。个体的日常生活中存在着一种同侪效应（Peer Effect），无声无息地发挥着它的影响力。[①] 所谓同侪效应，是指个体在交往过程中，受到周围同类人或群体的影响，从而在思想、情感、行为和表现上产生趋同性。当学生身处同侪环境中时，会下意识地比较自己与他人的行为、选择和成就。这种比较，无论是主动发起还是被动接受，都会对自身产生一定的影响。同侪效应具有极强的塑造力。学生的行为和态度往往会在同侪的对比中变得更为明确。例如，如果我们身边的人都在积极学习，我们很可能会被这种积极的态度所感染，进而投入同样的行动中去。反之，如果我们的同侪都表现出消极的态度，我们也很可能会被这种消极的情绪所影响，对自身的前途和目标产生怀疑和迷茫。在同侪效应的作用下，学生面对高考志愿填报的选择和决策同样会受到同学的意见和看法的影响。例如，如果在同学中有人选择报读公费定向师范专业，由于同侪效应能够表现出思想上的模仿、行为上的趋同、情感上的共鸣等多个

---

① 在《辞海》中，"同侪"被理解为"同辈""同伴"，也就是"有相同社会地位的人"或者"被认为在社会地位上相似的人"。这个定义揭示了同侪的两大关键要素。一是同侪们在社会地位上应该是平等的，无论是在年龄、经验、知识、能力还是其他方面，他们都应具有相似性。二是同侪们的相似性应该是在某一个特定的背景或环境中被认可的，例如在同一学校、同一公司或者是在处理同一任务时。以此来看，同学即同侪。

方面，所以学生很可能会被同学的决定所感染，出于有同侪做伴的心理也会选择报读公费定向师范专业。

当然，同侪效应并不总是有利的。有时，它可能会导致个体做出不理智的决策，或者追随一些并不适合自己的流行趋势。学生周围的同学决定报读公费定向师范专业，在客观上能够带给其选择成为公费定向师范生的潜在影响，但他人影响动机的强度有多强烈不能仅仅通过数据和猜测去考量。学生高考志愿填报绝不是盲目的行为。无论是老师还是同学，只能说明和解释学生可能受到他人的影响而选择公费定向师范专业。

第二章 职业理想引领入学动机的自传叙事

公费定向师范生培养政策旨在造就一大批"下得去""留得住""教得好""有发展"的乡村教师。培育乡村教师遂成为公费定向师范教育的政策初衷。政策理念是一回事，现实情况是另一回事。在应然层面上，尽管公费定向师范生作为未来乡村教师人才来培养，但从实然层面看，报读公费定向师范专业的学生并非全是因为热衷于乡村教育而做出的高考志愿选择。现实情况极可能是，有些人是为"免费"而来，有些人是为"教育"而来。无论怎样，如同世界上热爱真理的人永远不会消失，热爱教师职业的人同样大量存在。本章主要论述公费定向师范生的职业理想入学动机，呈现职业理想引领入学动机的自传叙事，既有心中一直深藏语文教师梦想的乡村奋进者，也有由钟情"学医"到终于"从教"的梦想变革者。两人之中，不同的是自我发展的历史和叙事，相同的是教师职业的理想和情怀。

第一节 乡村孩子的语文教师梦

我出生在一个贫苦的农民家庭。父母未完成小学教育，文化程度有限。由于受传统思想的影响，他们一直想生个男孩，于是有了包括我在内的六姐弟。巨大的生活压力迫使父母不得不到大城市打工赚钱，维持生计。我刚上小学时，在村里的小学读书，我的大伯母既是我的老师，也是我的"妈妈"。二年级时，我转到城市的学校就读。由于父母不舍得管教，所以我渐渐成为班级里的问题学生。幸而那时碰到了一位刘老师，用无私的爱感化了我——因为喜欢她，我重燃学习热情。后来我考入一所普通高中，在入学报到的那天下定决心要考上大学。但压力随之而来，在高三的关键时刻，我崩溃了，幸运的是，另一位刘老师给予了我帮助和鼓励。这两位刘老师在我不同的人生阶段及时纠正了我欲要偏离的成长轨迹，受他们的教育影响，我渴望成为一名语文教师。在高三上学期，我了解到了公费定向师范专业的教育政策，而恰巧家乡所在的县城具有小学教育专业的公费定向师范生指标，这与我的语文教师梦不谋而合。高考成绩出来以后，我果断选择了这个专业，得到了父母的大力支持，最终如愿地成为了一名公费定向师范生。初到大学，我抱着只要顺利毕业就能有工作的心态，每天看似活得自由潇洒，实际上头脑空虚，幸好在大学老师的教诲中转变思想，明确自己朝着成为一名乡村小学教师的方向努力着。

一、欲偏未偏的轨迹

五至七岁时，我生活在小山村，由于父母外出打工，我没有和他们生活在一起，大伯母成了我的第二位妈妈，同时也是我的老师。我在家乡的村小上学，这所学校曾是通过社会热心人士的捐赠建立起来的希望小学，规模不大，全校不到一百名学生。学校的教室比较简陋，仅有一张三尺讲台、一块斑驳的黑板和十来套破旧的桌椅。记忆当中，村小虽是陋室，然而生活其中，乐趣无穷。例如，在学习有关春天的课文时，大伯母会带着同学们走出校园，观察春天的溪流和溪边的果树。又如，偶尔在课余时间，同学们会央求老师教唱儿童歌谣。大伯母住在学校，我的住处就在她的宿舍后面，大多时候，我和大伯母形影不离。只要遇到困难，我就会去找大伯母，她总是愿意帮助我解决问题。因为有她的庇护，村小的玩伴都不敢欺负我，我甚至有点像个孩子王。这全是因为大伯母一直保护着我，不让我受到外界的伤害。

回首往事，我发现没有父母的陪伴和监护，本易受到不良事物的影响。然而，最终我没有偏离人生的正轨，这要归功于大伯母的启蒙教育。在大伯母的教导下，我从小时候起就对祖国、老师、父母以及周围的事物充满了爱和尊重。有人说教育是一棵树摇动一棵树，是一朵云推动一朵云，是一个灵魂唤醒一个灵魂。我和大伯母之间的师生关系生动地诠释了教育的力量。在村小学习的过程中，我感到无比快乐，一直感受到丰盈的爱。有了这段经历，我希望自己也能成为一个心存大爱与善意的人。

父母经过三年的打拼和亲戚的帮扶，稍微安稳立足后，就把我接到了城市上学。第一次走进城市学校，我恐惧陌生的环境和枯燥的知识，加上说着一口浓重的乡音普通话，很快产生了自卑感。当时班里形成了不同的小团体，而我一个人，成了一个团体，与周围的同学格格不入。其实，我也希望能加入他们。于是，我褪去曾经的乖巧，开始在课堂上捣蛋闹事，以此来吸引老师和同学们的注意。我完全没有重视学习，毕竟过去在村小也爱东跑西跑。当时父母似乎不舍得严厉教育我，任由我"大闹天宫"，我迅速成为老师最头疼的学生。直到班上来了一位教语文的刘老师，才唤醒了我的学习热情。

事实上，我和刘老师早已有过短暂接触。那是一个大课间，一条红领巾落在了我的眼前。抬头的瞬间，我看到刘老师在三楼向我招手。当我把红领巾交到她的手上时，近距离的面对面接触中，我发现她有着优雅的气质，脸上的微笑暖暖地印在了我的心里。刘老师给我们班上第一节语文课时，好像事先知道我是班里的问题学生，几次点名让我站起来朗读课文。作为一个"吊儿郎当的差生"，我有许多不认识的字和词，自然读得慢慢吞吞，频频停顿。然而，刘老师非常耐心地等我读完一段又一段，明亮的眼睛透出亲切的光芒，微笑着看着我。自那节语文课开始，我与她在课堂上的互动有增无减，原本枯燥无味的课文在我心中渐渐变得生动有趣。

结识刘老师之后，我重新燃起了学习的热情。在课上聚精会神地听讲，课后即便没有父母的监督，我也会自觉地完成作业。因为喜欢刘老师，那时的我纯粹地遨游在知识的海洋，未曾掺杂过一丝功利之心。小学余下的几年时光，刘老师与我的关系，可谓是亦师亦友。刘老师多次邀请我去她家包饺子，鼓励我担任少先队小队长，耐心地解答我的学习疑惑……正是在她孜孜不倦地教诲下，我逐渐改善了与周围同学的关系，渐渐融入了班集体。

回想起来，我的心里埋下教师梦的种子，是在认识刘老师的第三年，也就是小学五年级时。记得当时，全市小学正在组织学生参加以"梦想"为主题的征文比赛。我参加了比赛，拟定的题目是《我梦想成为一名老师》，由刘老师指导，文章至今收藏在家里。遇见刘老师后，我明白了一名教师的关爱对学生的成长至关重要。从前的我调皮捣蛋，一无是处，在全班五十六位同学中显得毫无价值。刘老师完全可以不理会我，任由我的成长轨迹一直偏离。但是她没有这样做，相反地，她承担起一个教育者应有的责任和担当，用心良苦地引导我走出黑暗，回到正轨。

初中三年的记忆比较模糊。只记得那个时期，我的学习比较被动，常常听到"为什么要学习"的声音，却不愿意深入思考"为什么要学习"。父母依旧给予我广泛的自由和宽容。我轻而易举地说服父母给我买手机，由于没有太多的觉悟与自觉，我沉迷于浏览网络小说，从此一发不可收拾。我浑浑噩噩地度过了初中，直到现在，三年的光阴在我的脑海中像是一锅黏糊糊的粥。相比初中，我的高中三年的记忆就清晰得多了，许多事情犹如发生在昨日。我感觉高中三年比初中三年短暂，过得很快，虽然时间短暂，但收获更多，譬如下定决心埋头苦学的经历，令我一生受益。

我就读于市区的一所普通高中，选择了文科，入学时被安排在全校整体学习成绩最差的一个班级。到校报到那晚，晚修应有的安静被大家刚进高中的兴奋和激动打破，头上的风扇再凉爽，也扇不走课室的喧哗。出乎意料的是，我在嘈杂的环境中迅速平静下来，打开数学教材预习。我说不清自己为什么会突然变得如此勤奋，只是冥冥之中觉得自己不能像周围的同学那样。在那晚的某一时刻，我下定决心好好学习，渴望考进大学。之后的无数个日夜，我为当时的决心拼命、咬牙和坚持。如今回想起来，自己也觉得不可思议。我认为自己仅是一个只有三分热度的人，做事缺乏恒心，然而那一晚的决定，竟让我用三年的行动证明了自己。

有了目标和行动，是一件好事。我在高一和高二时充满拼劲，甚至摒弃了曾经跟舍友一起吃饭、一起谈心的习惯。功夫不负有心人，在高三时，我被分配到了全校文科学习成绩最好的班级。然而，在日复一日的高压学习中，我不可避免地积累了负面心态，并且不懂得如何解决。那是在一次高三大考前的傍晚，打开准备复习的资料，却发现自己无法专注，内心充满了彷徨和焦虑，我想大哭一场。我不停地擦着眼泪，数着慢慢流逝的时间，像往常一样告诉自己没事，内心的难受会很快过去。我一遍遍地重复安慰自己，可是仍无法缓解，跑去厕所继续哭，以为只要大声发泄就能调整了。然而，我的补救是徒劳的，哭得越大声，想得越多，偏偏又无能为力。

终究不得不承认，我不能一个人默默地承受压力，幸好在回宿舍的途中遇到了当时的高三语文老师。他也姓刘，大家喊他"刘老师"，我更愿意称他为"刘先生"。他是一位德高望重的语文特级教师，已到退休的年纪，被我们学校返聘。我鼓起勇气向刘先生倾诉，他就像我的心灵吸尘器，一番引经据典，吸走笼罩在心头的阴霾。如果没有刘先生的谆谆教导，那么当时的我一定会被压抑折磨，辜负过往的所有努力。和刘先生谈完心后，我更爱上他的课了。刘先生具有深厚的文学底蕴，说话的声音别具感染力，哪怕是坐在教室的后排，我亦不觉困意，不由自主地跟随他的语言思考。听他讲课，是一种精神上的享受，让我深感惬意。他早已熟透每一学期的教材，上课时不带教科书，也不使用教学媒体，注重板书，写的字堪称一幅幅书法。刘先生像座山，高高地屹立着，有时让我望而生畏，有时又把我高高托起。

过往的经历促使我要以刘先生为学习的楷模，力求成为一名学识渊博的语文老师。我对教师职业的理解更加深刻了，它不仅要以温馨的爱呵护学生，而且要用渊博的学识感染学生。我十分感激刘先生，他让我触摸到学识的轮廓，让我有了自觉学习的意识，让我明白了学校是教育的沃土。

他对我产生了持久的影响——培养学习态度、尊重知识价值。这种影响比一时取得的优异成绩更加重要。正是这种影响，不断规范我的成长，我的学习轨迹未发生偏移。

二、一见钟情的选择

2018 年 10 月，我已经进入高三两个月了。从一位老师分享的推文中，我了解到了公费定向师范教育的招生政策，顿时产生了浓厚的兴趣。我迫不及待地去百度、知乎、政府网站等平台，搜集更多的政策信息，逐渐了解到报读公费定向师范专业，免除大学四年的学杂费，每年还享有近万元的经济补助，顺利毕业后有岗有编。十分巧合的是，我的家乡所在的县城发布了公费定向师范生培养的计划和指标，其中设有小学教育专业。我当时觉得，公费定向师范专业契合自己当语文教师的梦想，甚至觉得简直是为我量身定做！

当然，我原本就打算报考一所相对经济实惠的公立本科学校。父母深受中国传统思想的影响，一直想生一个男孩，能够继承家族血脉，于是有了我们六姐弟。父母没有接受过完整的小学教育，在大山深处务农，实在难以维持家庭的基本开销，因此才决定到大城市流浪、打拼，辛辛苦苦已二十余载，至今生活仍然捉襟见肘。他们对我的期望是能考上大学，摆脱艰苦的生活。我虽然出生在一个贫苦的家庭，但十分知足，从未埋怨过我的父母。其实，我的父母已经做得非常了不起了——拼尽全力，用自己的血汗供养我们六姐弟，让我们有饭吃、有书读、有房住。我比同龄的孩子更懂事，每当花钱消费的时候，都会想到整个家，想到父母和其他的兄弟姐妹。我明白自己一定不能荒废学业，不能去读那些昂贵的大学专业，不能自私地让整个家庭因我背负巨大的经济压力。

公费定向师范教育的招生政策，"两免一补"的政策优势，使我对公费定向师范专业一见钟情。我心花怒放，暗暗欣喜，甚至认为广东省在 2018 年首次实施公费定向培养师范生的教育政策，才过去了一年，和我同届的考生中一定有很多人还不了解这一政策。后来，我陆陆续续找到一些高校公费定向师范专业的录取分数线，以此为标准，给自己定下了考试的目标分数。实话实说，按照我当时的学习成绩，加上选择了文科这条路，报考公费定向师范专业确实具有一定的挑战性。然而，每当担忧未来时，我的脑海中都会强烈地浮现高中入学那晚盼望考上大学的念头，心中就会再次充满力量。

在一些空闲时间里，我常与一位舍友聊到公费定向师范专业。比起我早早地坚定选择公费定向师范专业，她更多的是顾虑。她渴望去大城市见世面，不希望六年都待在小县城，甚至是交通不便的偏僻乡村。她觉得一成不变的乡村生活会让她窒息。我则没有这方面的顾虑，我更想留在父母身边，更向往生活压力相对较小的乡村生活。顾虑是一回事，选择是另一回事。这位舍友，最后和我被同一所大学的同一公费定向师范专业录取。

我的高考成绩是 514 分，对比去年一些高校公费定向师范专业的录取分数线，大概率可以成功被录取。我毫不犹豫地做出选择，同时把自己的想法告诉父母，向他们详细地解释公费定向师范生教育政策的内容。他们听完以后，更是百分百地支持我成为一名公费定向师范生。在父母眼中，可能并非只是看中了"两免一补"的优惠政策，而是期盼在将来我可以从事一份安稳的职业。在父母看来，女孩子当教师是一份再好不过的职业。他们还向亲戚、朋友打听在读的 2018 级公费定向师范生，进一步了解和分析具体情况。我和父母商量以后，郑重地在志愿系统填报了一所地方师范学院的小学教育专业，保险起见，多报了几处定向地，选择服从调剂。就这样，我成了一名公费定向师范生。

整体来说，从小学到高中，我遇见了两位姓刘的语文老师，深受他们的教育影响，萌生了当一名语文教师的念头。我感激在高中三年不断拼搏的自己，终于实现了读公办大学、当语文教师的梦想。对于我的选择，我和家人都十分认同。

三、拨开云雾的成长

到大学的第一个月，马不停蹄地迎来新同学、新老师、新环境，我对其中的一切充满新鲜感。在接下来的三个月里，我耳旁没有父母的叮咛与嘱咐，所有事情都需要我自己来处理，大到决定选哪门课程学习，小到一个人去超市买生活用品。我彻底放松自己，喘大气、睡大觉、玩手机，加入经常举办各种活动的部门，和同学们打卡附近各式各样的美食和景点，若脱笼之鹄，飞在自由惬意的天空，心情舒畅极了。大一上学期的生活，每一天都有不同的感觉和精彩。

没有高中时为了一个决心拼命学习的压力，在大一上学期我十分快乐，快乐到晃晃悠悠的地步，甚至引发了一种失落感。我在生活上自由了，然而内心却空虚了，自己没有计划，也没有父母或者师长对我的生活进行各种规划。大学上课的地点是流动的，一旦下了课，同学们纷纷赶往下个教室，和以往那种固定在同一个教室的上课模式不太一样。大学的上课时间变长，要掌握的知识内容呈现出几倍式的增长，要求学生具有较强的课前预习能力和课后学习能力。我抱着玩的心态去上课，大家干什么就跟着干什么，成了一个随波逐流者。可想而知，结局注定是悲惨的。

所幸的是，我在大学老师们的教诲中醒悟，及时挽救了一场危机。钱教授多次提醒我们：大学生活诚然给我们带来高度的自由，然而我们不一定有能力去驾驭这些自由，如何规划这些自由，决定了我们的大学生活质量。高中时，无论是老师和家长的态度、社会的舆论还是我们内心的真实想法，都限制在了"一切为了高考"这六个字上，高中将"人生幸福"简单粗暴地等价为"高考成绩"。大学给了我选择的自由，再没有一个等价于"人生幸福"的简单目标，要求自己直面什么是人生幸福、什么样的能力是人生幸福所需要的。这种自由既是一种权利，又得付出代价，我必须为自己所做出的每个选择负责。

我迫切地渴望回到高中时为明确的目标而奋斗的状态，但却苦于找不到学习的意义，无法生成内在的学习动机。我面对着太多的诱惑，时常处于矛盾的思想拉扯之中。几乎每位老师以不同程度、不同角度向我们强调：作为公费定向师范生的我们，不能因为几年后有稳定的工作，就选择"躺平"。我们一定要自觉地严格要求自己，争分夺秒地提升自己，为以后从事乡村教师工作打下扎实的基础。我在高中时以为，到大学后可以缓一缓，但当真正进入大学后，还是被告知要努力学习，所以明明知道学习重要，我却特别抵触学习。不言而喻，我的想法是错误的。人生怎么会有一劳永逸的阶段呢？我们应该努力过好每个阶段，不能认为努力一小段就可以过上一辈子安稳无忧的生活。

大一下学期遭遇疫情，居家在线学习网课，我得以趁机放慢原本浮躁的大学生活节奏，有时间去思考、去纠正、去完善错误的认知，让自己的人生再次回到正轨。我常常翻阅感兴趣的书籍，反思刚刚过去的大一第一学期，对一些困扰我的问题似乎有了答案。我给自己的回答是：在大学里，我的身份首先是一名学生，而不是机构的干部，也不是社团的成员。校园活动五花八门，时间和精力有限的我不能什么都想跃跃欲试，应有取舍，选择有利于自己成长的事情。我已经明确了自己的主要任务，那就是努力学好专业知识，四年后成为一名一专多能的乡村教师，承担起一名公费定向师范生的责任和担当。你永远叫不醒一个装睡的人，这段探索的过程更多的是自我意识的觉醒。

在认真上网课的同时，我做了一份关于大二到大四的规划书，主要分两个方向：一是考证，如英语四六级、普通话和计算机二级等证书；二是提升教学技能，如练一手好字、试讲、说课等。我谨记自己是一名公费定向师范生，愈来愈注重现实思考。我想，因为这个政策，我已经成为一名公费定向师范生一年多了，后悔大一第一学期签完三方定向协议后，没有深入思考类似问题。或许是我不敢过多地触碰真相，害怕自己幻想的美好未来破灭了。又或许在潜意识中知道自己的未来不乐观，而要改变的话，就得放弃安逸的大学生活方式。我抱着只要顺利毕业就有工作的想法，浑浑噩噩地度过了"兵荒马乱"般的大一，浪费了一大段宝贵的时光。

我勇敢地戳破了自己的幻想，时常到镇上的小学兜兜风，与这里的老师聊聊天，认识到投身乡村教育是一项长期而艰苦的事业。新手教师入职后，既要着手应对繁重的教育教学任务，还要进行教研和管理。假若公费定向师范生在大学没有丰富的教育教学实践经历，必定不能适应紧张的工作。除此以外，教师面临着各种突击检查的任务。如此这般，我们将会无暇顾及自己的职业发展，久而久之，会发现自己的付出和回报并不成正比，职业倦怠随之而来。一旦陷入这种状态，会容易苟且偷安，成为养老型的乡村教师。

未来的乡村教师生涯显然会经历艰苦，因此我不得不做好职业准备。在教育见习中，我见过没有职业规划的年轻老师不能分清主次，每天忙于琐事却一无所成，陷入不断抱怨的恶性循环。现阶段的我，正在遵循规划，严格执行，努力提升自己作为师范生的综合技能，乐观地看待未来的发展空间，并增强成为一名乡村教师的自信心。我还经常搜集与自己定向所在地有关的各类信息，如经济、交通、人口、学校的数量和规模等，适时地调整自己的成长计划。

成长与梦想是密不可分的，但相比于实现梦想，成长的过程更需要我们珍惜。周国平曾说："坚持做有梦的人，梦能成真，即使不能，也可丰富你们的心灵。"也许青春是一张一去不复返的单程票，路途充满了混乱与颠簸，可正因如此，我要更加努力地耕耘自己的乡村教育事业，不辜负当初成为一名公费定向师范生的选择，有足够的勇气抗击一切困难与失败。我是一名公费定向师范生，未来可期！

第二节　由"学医"到"从教"的梦想旅程

教师身上有着神奇的魔法——学生不仅被他们的言传身教所感动，甚至因为他们的出现而选择从事教育工作。我便是这样一名受教师影响的学生，尽管在高一就打算学医，但在高三时遇到了一位在细微之处彰显温暖的班主任，使我有了从事教师职业的想法。在高考成绩平平的尴尬处境下，综合考虑个人兴趣、职业前景和家庭状况等因素，最终我决定当老师，于是报读了公费定向师范专业。我选择了小学教育专业的数学方向。大学生活并不轻松，我在其中历经磨砺，付出了不少努力。我无须为就业担忧，本有机会选择"躺平"，然而我心中想到的是种种有关老师的责任。

一、学医梦想与从教好感

从小学到高中，我在接受教育的过程中遇到了各种各样的老师。我非常幸运，大多数老师对我的成长之路产生了重要而深远的影响，他们引导我树立正确的世界观、人生观和价值观。

小学六年，我的知识学习主要来自学校，德育学习则受父母的教育引导。在小镇上读一、二年级时，老师对我的要求并不严格。而我本人基本上是在愉快玩耍中度过日子，大部分时间都处于一种"放飞"的状态。随后我转到市区小学就读三年级，明显感受到了变化：城市的学校更加严格，具有浓厚的学习氛围，老师的管理比较完善，注重学生的学习成绩。走过小学的六年，我发现老师侧重于知识教学，甚至利用班会课上的空闲时间要求学生背诵古诗词或朗读英语，很少强调思想品德的培养。就我个人而言，我的父母在对我的道德教育方面做得比较到位，比如自我懂事开始就教我学礼仪，见到他人要问好，适时地说感谢和道歉，明辨是非曲直，努力做一个有修养的人……

在小学期间，我曾有过许多职业梦想，科学家、律师、警察……或许是自己所处的环境和眼界相对"狭隘"，隐隐约约地对熟悉的教师职业更感兴趣。我和小伙伴玩角色扮演游戏时，我总是喜欢扮演老师的角色，给他们讲课。我认为，教师是一群高尚、睿智、博学的人，无所不知，无所不能。我渴望成为一名教师，站在三尺讲台上，以优良品德影响学生的心灵成长，以渊博学识引导学生认识世界。

到了初中，老师是除了父母，最能影响我思维成熟和心灵成长的重要之人，其中，初一的班主任给我留下了深刻的印象。我初次离家上学，在陌生的学校环境中感到迷茫，常常一个人躲在角落哭鼻子。班主任亲自带我去办公室交谈，递给我一些小零食，或者陪我在校园里散步，不断给予我鼓励和支持，希望我能扬帆起航、学会独立。有一次，我和一位同学去办公室找班主任，看到她趴在桌子上，同学直接把她拍醒了。她睁开朦胧的双眼，似乎有些生气，但没有说话。过了一会儿，班主任用轻柔的语气、郑重的话语告诉我们："当你们看到老师或其他人趴在桌子上时，要设身处地想到对方可能不舒服或者不方便被打扰，而不是贸然凑过去，应该寻找合适的时机呼喊对方，这是个人的一种礼貌修养。"作为老师，不仅仅要传达平实的语言，更需要以身作则，引导学生做人。

初二的班主任是我参加军训时的跟班老师，也是初一的数学老师。他常常给同学们出一些有趣的数学难题。在他的引导下，我渐渐开始喜欢上数学，并且多次获得班级第一名的成绩。初三的班主任教物理，他不仅精通物理专业知识，而且还全面发展其他领域的知识和技能。我们不仅可以向他请教物理问题，还可以直接向他请教其他学科的知识。我认为这样的老师好像无所不能，充满人格魅力。

进入高一后，我开始设想自己的未来，并且希望成为一名医生。其实，在小学时我也曾有过当老师的想法，但那种想法并不坚定，随着时间的推移自然而然地摒弃了当老师的念头。然而，在高三第一学期，我了解到了公费定向师范生教育政策。受班主任何老师言传身教的影响，我对教师职业产生了浓厚的兴趣。当时我觉得，学医和从教这两个职业方向都是很不错的选择。

在班会课上，班主任何老师激情澎湃地激励我们确立大学目标，她说："我们不飞则已，一飞必冲天；不鸣则已，一鸣要惊人。我是领头羊，你们是小羊羔，我一定要做好榜样示范，一起奔向我们的星辰大海。"班主任何老师亲力亲为，每天和大家一起早到晚归，以身作则做好每一件班级小事。她常常勉励我们静下心来，每天进步一点点，就会有巨大的收获。这一刻，我对老师的理解是：老师是学生成长路上攻坚克难的军师，是学生走向不同转折点的重要影响人物。

我时常留意班主任何老师工作中的一些方法和细节，心中充满了敬佩和感激之情，深深地被她吸引。何老师组织全班同学去操场跳健美操，提醒我们要注意劳逸结合，以缓解高度紧张的学习压力。在高考前一周，我因为身体突然不适而极度焦虑，甚至出现负面情绪，无法沉着地备考。何老师得知我的情况后，在晚自习结束后将我带到办公室，一边用药油给我按摩，一边和我聊开心的话题。在高考前三天，班主任何老师给全班同学送上特别的福利，包括打水、购买考试用品等，她忙得大汗淋漓，却乐此不疲。实际上，绝大多数学生只是班主任的过客，但是她愿意无怨无悔地付出，希望学生能够追求更高、更稳、更好的未来。何老师便是这样的人：一支粉笔，三尺讲台，园丁谱出千重韵；九月艳阳，十日盛宴，桃李擎起一片天。

正是因为遇见了高三的班主任何老师，我的梦想从只想学医变成了要么学医、要么教书的贪心。从小我就喜欢闻中草药的味道，痴迷于中医博大精深的文化。然而，倘若加入了教师队伍，向教过我的老师们看齐，在平凡的岗位上做不平凡的事，同样是一个不错的选择。

二、舍弃学医而决定从教

面对大学专业的选择，我只有两个考虑，要么读医，要么从教。无奈于那不高不低的高考分数，注定了我要经历一番艰难的思考。我要填报高考志愿了，不知何去何从：选择我最喜欢的中医专业？还是选择自己感兴趣的公费定向师范专业？诚然，第一个想法是读中医。虽然我的成绩超过了重本分数线，但即便是这样，作为一名文科生，凭借目前的成绩报考中医专业并不具备优势。我有冲一冲的机会，但属冒险，要综合考虑各方因素，比如万一我没有被录取，那么将会被调剂到其他专业，而我不接受调剂。退而求其次，我的第二个想法是从教，选择公费定向师范专业。我在矛盾中万分焦灼：如果我冲击医学院成功了呢？如果我选择了公费定向师范专业，那么很有可能会被提前批录取，接下来就失去了冲击中医专业的机会。但如果我没有被医学专业录取，岂不是又白白错过了填报公费定向师范专业的机会？

填报志愿和准备高考同等重要，容不得我半点马虎，所以我内心倾向于选择能够被录取的公费定向师范专业。周围的人对此有支持者也有反对者。这一年，是广东省推行公费定向师范教育政策的第二年。对此，长辈和亲戚都或多或少对此有所了解，非常看好公费定向师范教育政策所带来的各种"福利"，并纷纷赞同我去报读。但身边的同学比较反对我选择公费定向师范专业。有人说："你的高考分数已经过重本线，可以选择更好的学校和专业，何况定向工作六年受到很多约束。"也有人说："你这个分数可以去警官学院，和我一起去吧。"还有人说："你去读定向真的太可惜了，明明有更好的学校和专业可以选择。"这些观点和建议一直萦绕在我的耳旁。在我儿时，家人便期望我长大后能考入师范大学，成为一名老师，此时此刻，他们认为我的性格适合从事教师职业，自然支持我报读公费定向师范专业。

在听到各种声音之后，我觉得似乎每个声音都有道理。于是我反复审视了自己和未来的职业规划，最终下定决心报读公费定向师范专业。首先，这是因为我对教师职业有着浓厚的兴趣。虽然我钟爱中医，但我也非常崇拜三尺讲台上的教师。除了父母，老师是我与之相处时间最长、对我影响最深的人。我的知识积累、待人接物能力的培养，离不开一位位老师在我成长过程中的耐心栽培，尤其是初中和高中时期那些对我"三观"影响深远的老师们。其次，我深知国家对教师队伍建设和教育事业发展的日益重视。我在填报高考志愿时，并不仅仅关注所选大学在社会上的影响力和知名度，更注重所选专业在未来社会中的发展前景。教师是被人们称为"铁饭碗"的职业，在众多行业中比较"吃香"。一方面，教师工作比较稳定，工资待遇逐年提升，假若我成为一名公费定向师范生，毕业后将直接纳入编制。另一方面，教师职业幸福感高，老师与学生朝夕相处，永葆童心，无须钩心斗角和阿谀奉承，同时作息时间相对规律，能在寒暑假自由安排时间，日子过得无比快乐。我的家人也认同这一点，一致认为女孩子应从事比较稳定且作息规律的工作，不必过于劳累，方便日后照顾家庭。最后，我考虑到了自身的家庭情况。我的家庭属于普通的小康家庭，家里有几个姐妹，父母养活并供我们完成学业，十分不易。公费定向师范生在读书期间免学费、免住宿费、有生活补助，这能让我帮助父母减轻家庭负担。其实，选择就读公费定向师范专业的另一个原因在于就业有保障，无须承担就业困难的压力，同时父母也不用担忧我的就业。综合考虑各种因素，我最终选择了公费定向师范专业。

当看到手机显示成功录取的短信时，我终于松了一口气，然而，那时的心情有那么一点的遗憾——未能如愿以偿地进入我最喜欢的大学和专业。我得知自己的成绩可以冲上我所向往的中医专业后，遗憾感变得更加强烈。然而，木已成舟，在父母的开导和自我安慰下，半个月后，我已经坦然接受了我的新身份——公费定向师范生。我开始想象自己将来能够回到家乡，成为一名乡村小学教师，为家乡的教育事业贡献一份力量，心中又多了几分开心和自豪。

三、懵懂无知与发奋图强

我选择的公费定向师范专业是小学教育数学方向。人们常常认为小学教育专业学习很轻松，实际上并非如此。在上大学之前，我经常听到左邻右舍调侃："小学老师不需要教授深奥的知识，你已经高中毕业了，去上课毫不费劲。为什么还要念大学呢，可能是你想获得文凭和学历吧。"我琢磨着似乎也合乎道理。如今，在大学学习了两年，我再也不敢说出类似的观点了。大学里的学习和生活当然不像高三那般紧张，但用"宝剑锋从磨砺出，梅花香自苦寒来"这句诗来总结也不过分。我当初理解的容易——学生易掌握基础知识与技能，是从一个成年人的视角去看待小学生的知识。然而回想一下，每一个人小学时学习知识真的轻松吗？此外，在大学，师范生还要学习教育学、心理学、学科课程论等学科专业知识，并纠正普通话发音，练习钢笔字、粉笔字、毛笔字，训练试讲、说课……如今回想起当初自以为是的想法，不禁为自己的幼稚感到羞愧。

我曾认为给小学生讲课很简单，殊不知，我平时在大学课堂上举手回答问题都要纠结许久，缺乏站在讲台上的勇气和自信。不仅是我，整个专业中的大部分同学都会感到畏惧，尤其是当有大学老师在场观看、提问和点评时，我们的表达变得吞吞吐吐。我该如何克服呢？我参加了学院机构和两个社团，经常与老师和同学对接工作，通过与他们的交流，我逐渐褪去内敛，变得更加自信，为将来成为一名小学教师做好准备。经过一年的历练，从大一普通的学生干部到部门的主要负责人，我的责任也越来越重。我参与统筹工作，思考如何领导这个部门，学到了一些的组织和管理能力，成为一个阳光自信的大姑娘。

初到大学，懵懵懂懂，我对自己的未来没有明确规划，直至参加学校组织的教育见习，我仿佛找到了自己热爱的专业。当时我提着一张小凳子，推开一间教室的后门，刚迈进去，孩子们纷纷转头看向我，鼓起整齐响亮的掌声，热情地欢迎我的到来。那一刻，我忘却了来时的忐忑，充满了喜悦。我观摩一线小学老师如何上课、管理课堂纪律、分配班级事务等各个方面，不禁赞叹：原来小学课堂有很多大学问！我坐在教室后排，打量着每一个孩子，看着他们活力四射的身影，听着他们充满朝气的声音，心中涌起一种跃跃欲试的感觉——我渴望站在讲台上给孩子们上一堂课。于是，我的指导老师顺势推了我一把，我开始了我的教学之旅。起初，我的课堂效果并不理想，正如教科书上所说的，学生个体之间存在着差异，总有积极回应老师问题的同学，也有一小部分同学不那么认真，不那么配合老师的教学。或许学生不怕我，在吵闹玩耍，明目张胆地做自己的事情。以往，我只会对孩子们的吵闹感到生气，但如今，我通过学习教育心理学和儿童发展心理学，能够理解他们在成人看来或许不那么"乖"的举动，试着通过一些小游戏来吸引他们学习。两节课结束后，我认真反思了自己的表现，并向我的指导老师和其他听课的同学请教，希望能够进一步改善自己的不足。

在经历了教育见习之后，我对教育实践"上瘾"了，更加喜爱小学教育专业，更加认同公费定向师范生的身份，更加期待未来成为乡村小学教师的时光。我热衷于参加学校的"三下乡"活动，跟随同学们一起去乡村学校支教，认真备课，站在神圣的讲台上，热情地讲解知识，下课后，化身为孩子王，与孩子们嬉戏，感受到了特别的成就感。在教育实践中，我收获了宝贵的感悟：为人师者，要有一份真心、一份耐心和一份专心，将受益无穷。

　　我没有就业烦恼，在大学里有机会选择"躺平"，但是我却乐此不疲地频繁参加教育实践活动，不仅是因为喜欢，更与我心中的各种责任紧密相关。其一，作为一名公费定向师范生，我享受着免学费、有补助、保就业等待遇，有义务思考这项政策、就读院校、定向地政府和乡村之间的联系。我必须自觉培养自我的乡村教育情怀，在实践中不断掌握必要的专业技能，以回应国家和社会对公费定向师范生寄予的期望与优待。其二，我回顾自己的教育成长过程，深知一个道理——什么样的教师便教出什么样的学生。我永远不会忘记一位专业课老师总结的一段话："批评中长大的孩子会责难他人；嘲笑中长大的孩子个性羞怯；鼓励中长大的孩子深具自信；认可中长大的孩子喜欢自己。"此时我是一名公费定向师范生，不久后将成为一名乡村小学教师，我的责任并不仅仅是简单地教授学生知识，而是要培养他们成为社会主义的建设者和接班人。人们常言道："学高为师，身正为范。"社会之所以如此关注教师群体，是因为每个时代都需要教师的模范榜样。如果一位老师自身都无法达到为人处世的标准，又如何要求他的学生去效仿和超越呢？老师是学生成长道路上的灵魂导师，要想肩负起培养下一代的重任，就必须不断提高自身的综合素质。我深知自己还有很长的路要走，方能达到目标——具备胜任小学教育要求的专业知识和技能、拥有较强的教育实践能力和发展潜力，成为一专多能的乡村教师。

第三节　职业理想动机的自传叙事简析

　　在人生的道路上，选择职业是一件至关重要的事情，而大学专业与职业规划相互作用、相互制约、相互交织，共同关乎个体的未来发展和事业成功，影响个体能否找到真正的快乐和满足。有人说，选择职业绝不将就，选择专业必须慎重。只有找到自己心中热爱的职业，才能实现自我价值和追求内心满足。每个人找到自己热爱的职业并非一朝一夕之功，而是需要时间、耐心和自我探索，需要认真思考自己的优势和弱点，了解自己的兴趣所在，并明确自己的长期目标。从内在动机来看，热爱一份职业包含个体对职业怀有崇高的理想和信念。因此，源于热爱教师职业而选择报读公费定向师范专业，就是职业理想引发入学动机的重要表现。

在"乡村孩子的语文教师梦"的自传叙事中，"我"在不同的人生阶段遇见了不同的好老师，这些老师的关爱、呵护、责任、担当及学识，及时纠正了"我"欲要偏离的成长轨迹。在"我"看来，教师不仅是传授知识的人，也是塑造未来社会的人。他们点燃了孩子们的求知欲望，启发他们的思想，引领他们探索世界。因而，在"我"的心里早就埋下了教师梦的种子，渴望成为一名语文教师。当看到公费定向师范教育的招生政策时，"我"表现出了一种心花怒放、暗暗欣喜的"钟情状态"。正如文中所说："公费定向师范专业契合自己当语文教师的梦想，甚至觉得简直是为我量身定做。"当一个人有着无比渴望的职业梦想时，正好面前出现了一条通往梦想实现的道路，这既是缘分和运气的到来，又是坚持和等待的结果。为了能被公费定向师范专业的大学录取，"我"甚至"多报了几处定向地，选择服从调剂"。从这个意义上说，选择报读公费定向师范专业，就是职业理想动机引发的人生事件。人生由一系列连续性事件和非连续性事件组成。公费定向师范生培养政策的出现可以看作一个非连续性事件，恰好给予"我"梦想照进现实的机遇，实现当语文教师的职业理想。

在"由'学医'到'从教'的梦想旅程"的自传叙事中，由于"我"从小喜欢闻中草药的味道，故而痴迷于中医博大精深的文化，最初想"学医"。不过，伴随自己受教育过程中的人生经历与学习反思，开始对教师职业产生了兴趣。实际上，每个孩子都是一个独特的个体，他们有着自己的兴趣、才能和梦想。例如，有些孩子可能对科学和发明创造感兴趣，他们可能希望成为科学家或发明家；有些孩子可能对艺术和设计有特别的热爱，他们可能希望成为艺术家或设计师。在成长的过程中，许多孩子都会对未来职业的选择产生浓厚的兴趣。得益于师生之间的和谐相处，"我"对教师职业产生了激情，并逐渐期望自己成为一名教师，站在三尺讲台上。

面对大学专业的选择，"我"在"不是读医，就是教书"的双选中舍弃了学医而决定从教，最终报读了公费定向师范专业。其中，主要原因在于"我"的内心倾向于教师职业，对教师职业拥有浓厚的兴趣。不得不说，舍弃学医于"我"而言，固然有些遗憾，但是人生本就不完美。作为一名公费定向师范生，毕业后的"我"能为家乡教育事业贡献一份力量，"心中又多了几分开心和自豪"。

教育的本质是培养人，是点燃人内心的火焰，而不仅仅简单地灌输知识。因此，教育是一项崇高的事业，需要从教者以一颗勇敢的心去面对。如果教师缺少职业理想的内在支撑，那么势必难以超越自我。正如教育家帕克·帕尔默（Parker J. Palmer）所认为，作为教师，需要具有"教学的勇气"。教学的勇气不仅仅是在教室中面对学生的勇气，更指的是在这个过程中，教师需要勇敢地面对自己的恐惧、迎接未知的挑战、不断超越自我。职业理想的入学动机是非常珍贵和难得的。无论是"见不惯"城乡教育差距，还是深藏许久的语文教师梦，又或者是由钟情"学医"到最终"从教"，公费定向师范生的职业理想动机都能够使他们产生对未来的信念和坚守，勇于挑战和突破自我，朝着更高更远的目标前行。

第三章　就业保障增强入学动机的自传叙事

　　文凭社会理论认为，现代社会是一个文凭主义社会，文凭成了一种资格认证，人们凭借文凭获得社会地位和职业机会。然而，随着社会的进步和经济的发展，我国高等教育已经从过去的精英教育阶段转变为现在的普及化阶段。[①] 高等教育的普及和扩张带来的后果之一是学历的价值和意义逐渐降低，"文凭贬值"的社会现象逐渐形成。一方面，越来越多的学生获得了本科及以上学历，导致学历的"含金量"下降，用人单位对学历的要求也不断提高。另一方面，就业市场充满了不确定性和挑战，许多人都提出了疑问：读大学是否真的能保障就业？现实表明：读大学并不是万能的，它并不能直接保障一个人找到一份好工作。在市场化的社会中，读大学有就业保障，可以为个体提供一份实实在在的安心，相信未来更加稳定和可靠。公费定向师范教育政策包含保障就业的承诺，具备自身独特的政

---

　　① 　根据美国学者马丁·特罗（Martin Trow）的研究，如果以高等教育毛入学率为指标，则可以将高等教育发展历程分为"精英、大众和普及"三个阶段。一般来说，高等教育毛入学率在15%以下时属于精英教育阶段，15%—50%为高等教育大众化阶段，50%以上为高等教育普及化阶段。2019年，中国高等教育毛入学率越过50%这一关键节点，实现高等教育大众化到高等教育普及化的历史性"转段"。

策优势，吸引着学生报考。本章主要论述公费定向师范生的就业保障入学动机，并呈现就业保障增强入学动机的自传叙事。其中既有结缘小县城并畅想在此就业与生活的期待者，也有憧憬平静生活和稳定职业的抉择者，还有经历朝令夕改最终决定留在家乡工作的寻路者。三人的自传叙事，纵有多重入学动机的共同作用，但"就业保障"尤为突出。

第一节　我的小县城缘分与情结

家乡的小县城，初见乍惊欢，久处亦怦然，有着不易察觉的美好。我的小学求学之路颇为坎坷，先后辗转于偏僻的小镇、繁荣的市区和平凡无奇的小县城之间，故而自小就同身边的大人一样对大城市教育资源的优势有着深刻的认识和理解。然而，我并不喜欢大城市的学校。到了小升初阶段，本能地想起在大城市学校读书的压力，果断放弃了参加市区初中学校的招生考试，选择继续留在小县城读书。我这一留，念完了初中又念高中，在小县城度过了将近十年的时光。兴许在小县城待了太久，忘不了其中一点一滴的美好，在高考志愿填报时，我怀着能回小县城工作的心情而选择了大学和专业。虽然我原本想成为一名英语老师，但在非定向的英语师范专业和没有英语方向的公费定向师范专业之间犹豫不决，保险起见，最终我选择了更有可能回到小县城的大学专业，成为一名公费定向师范生。如今，想着两年后就能回到熟悉的小县城，我心中充满期待。

一、从乡村到县城的美好光阴

我的启蒙教育来自母亲。她是一个极其重视知识的人，从我很小的时候就鼓励我多读书，培养我爱好阅读的良好习惯。因此，在我三四岁时，母亲就为我购买了许多儿童读物，如《安徒生童话》《格林童话》等。随着我渐渐长大，母亲又给我买了一些儿童文学合集，后来就是诸如《红楼梦》青少年版本的名著。据母亲回忆，我从小就非常爱惜书本，在邻居小朋友以撕书为乐趣时，我却连书缺了一角都会感到不开心。也许正因为小时候养成的阅读习惯，至今我仍偏爱纸质书籍，总觉得翻阅纸质书时所感受到的那一份悸动，是电子书所不能给予的。

我的小学之路可谓曲曲折折，一共转过两次学，待过三所学校。

第一所小学坐落于一个偏僻的小镇。那时家庭经济情况并不乐观，除去日常生活的花销，父母便将剩下的极小部分收入储存起来以备不时之需。正因如此，母亲没有将我送去参加课外辅导班培养兴趣和特长。虽有遗憾，但也庆幸。我的童年可以无忧无虑地玩耍，遵循本真，探索偌大的世界。在我的心目中，学习肯定要放在第一位。二年级的数学老师比较严厉，板着脸的时候有些吓人，再加上初来乍到，同学们对他并不熟悉，多多少少都会产生一些畏惧感。而我，则是尤其畏惧。当遇到不懂的学习问题时，我不敢向数学老师请教，总是自我欺骗——不懂装懂。有一次回到家，母亲检查作业，虽然我有些心虚，但仍然硬着头皮说我已经学会了，满心想着等会儿出去玩的事儿。然而，这个谎话很快就被揭穿了。母亲给我出了一道算术题，我按照自己的理解答题，还没算完，她就发现我的做法是错误的，非常生气并责骂了我一顿。母亲平息怒气后，开始教我正确的计算方法。我一边抽泣一边学，心中暗下决心，一定不能再不懂装懂了。自那以后，每当我回想起这件事，我都由衷地感谢母亲当时的举动。如果她没有检查我的作业，没有严肃地教育我，那么我就不会意识到"不懂就要问"的重要性。学会不懂就问，这对我的学习生涯极为有益。

后来，班里来了一位新的数学老师，他的严格程度与之前那位老师不相上下。我甚至曾因此而伤心过一段时间，但至今仍心存感激。在母亲的监督和自身的努力下，我的学习成绩一直比较优秀，陆陆续续获得了一些奖状，足以装饰一面小墙了。有一次，我像往常一样期待着成绩的公布，心想可以带回家向父母炫耀一番。然而，当看到试卷上的分数时，我目瞪口呆，整个人愣住了。那是我人生中得到的第一个零分。数学老师解释道："某些同学空着题目没写，我因此给了零分。我知道大家不是不会做，而是粗心大意地忘了写。"他通过打零分的教育方式，希望我们在平时的测验中养成细心严谨的良好习惯，这样在正式考试时就不会掉以轻心。虽然我知道这个零分并非实力不足，但依然备受打击，为此难过很久，下定决心再也不重蹈覆辙。在接下来的小测验和大考试中，每当做完试卷后，我都会从头到尾认认真真地检查一遍，基本上再也没有犯过遗漏题目的错误。尽管曾经伤心过，现在回想起数学老师打零分的经历，回想起因为他的教育而养成的检查试卷的习惯，我深表感激。他是一个优秀的教育者，通过独特的零分引导学生细心做事，切实培养学生的优良品质。

突然有一天，母亲告诉我将搬到市区居住，我依依不舍地告别那个小镇，来到了一所新的学校和一个新的班级。从小乡村到大城市，我目睹了城市教育和乡村教育之间的差距。虽然新学校无法与一线城市的学校相媲美，但相比我之前在镇上的那所小学，它仍然要好许多。在新学校里，教学设施更加先进，学生更加优秀，竞争更加激烈，因此我的学业压力也增大了。在城市里，许多学生在周末都会参加补习班，上各种各样的兴趣班，不是写学校布置的常规作业，就是写补习班老师布置的作业。参加辅导班的同学是同级学生中的佼佼者，每逢开展省市学生竞赛时，学校首先考虑的参赛对象便是他们。从学习成绩看，他们是未来有望进入重点初中的明日之星。而在这所城市学校中，我太不起眼了，加之面对陌生的环境，显然很难适应这里的学习和生活。我的成绩长期没有起色，一直停留在中等水平。直到进入五年级，我转入了一个新的班级，换了一位新的班主任，我的学习动力才渐渐被唤醒，成绩也开始有了微小的进步。

好景不长，在市区的学校读完五年级后，我再次转学。这一次回到了老家的小县城。当时家人担心我无法适应新的学校环境，建议我重读五年级。我觉得这个建议很有道理，于是照做了。从大城市回到小县城，学习压力立刻减轻了很多。再加上课程内容是去年已学习过的，所以我很快适应了新的环境，学习成绩也重回名列前茅的水平。在学习之余，我开始学习钢琴，这算是我的一项爱好和特长了。

很快迎来了小升初，当时我有两个选择：要么参加市区初中的招生考试，要么留在县城的初中继续读书。大人们都认为进入市区的初中学习更好，我也知道市区中学的优势，然而最终我坚定地选择了后者。经历了第一次转学后，我对大城市的学校产生了一定的恐惧。那种无论怎样努力都追不上别人的感觉让我感到筋疲力尽。我暂时不在乎城乡教育资源的差距，觉得高中再去市区读书也不晚，毕竟高中才是最重要的学习阶段，才会决定我们进入哪一所大学，才会影响我们走哪条职业发展道路。其实，我明白初中三年所积累的差距难以弥补，我曾动摇过是否留在小县城的想法，但内心畏惧曾经在大城市学习的压力，本能地想逃避，将自己封闭在小小的县城之中。我的想法很矛盾，也很幼稚，但我确实就是希望留在小县城。

我喜欢宅在小县城的时光，没有太大的学习压力，与同学的聊天很少涉及成绩。在小升初的考试中，我发挥得还不错，以第一名的成绩入学。整个年级的绝大部分高分生都被安排到了我所处的班级，因此我们班在其他人以及我们自己的眼中，都可以称得上是"尖子班"。但大家并没有歧视或疏远学习成绩较差的同学，无论男女，常常一起在教室或操场上追逐嬉戏，各个班级之间的氛围相当和谐。

我原本有机会去市里读高中，然而由于教育政策的调整，我保守地填报了初升高的学校志愿，选择继续留在小县城读书。和高考不同，初升高是先填报志愿后出成绩。我本想着填报市里一所比较有把握考上的高中，但碰巧那年政策发生了变化，规定如果我们填报了市里的学校而最后未被录取，就只能去读县里较次的一所高中。我没有十足的信心争取理想的市高中，通过老师和家长的详细分析，最后填报了市里另一所几乎不可能考上的学校和我们小县城最好的高中。中考成绩公布的那天，我的情绪并没有太大波动，甚至有些暗喜。早在填报志愿的时候，我就已经知道我的高中生涯也将在小县城度过。

一进入高中，我就被分到实验班，分科时毫不犹豫地选择了文科。此后，我也一直稳定地待在实验班。起初，我有些吃力，物理、化学、生物的成绩堪忧。分科后，我的表现有所改观，考试成绩一般都能进入全年级前十五名。

到了高三，我看着自己不进反退的成绩，就像是一株被压垮的稻草，苟延残喘，幸好得益于自己的救赎和朋友的帮助，我才能再次站起来。我在密密麻麻的题海中不断挣扎，已经疲惫不堪，还经常听到根据月考成绩进行动态分班的消息，加之老师们经常在课堂上数着高考倒计时，我一度陷入绝望。然而，我深知自己不能在人生重要的时刻倒下，于是开始尝试寻找一些方法来改善自己的心态。我在一个专门记作业的小本子上写下鼓励自己的话语，告诉自己只要再坚持一段时间，就能熬过高三，摆脱这些压力了。所幸，我在苦无天日的高三，结识到一位善良、包容的朋友。我向她倾诉，她两只手托起下巴，静静地凝视着我的眼睛，耐心地倾听我娓娓道来。我们就这样相互陪伴，共同前进，没有被痛苦和迷茫淹没。慢慢地，在朋友的帮助和自我调整下，我发生了转变，重新变得开朗起来。

高考并不可怕，我越接近高考，反而越放松。我不得不坦率地说，在最后一个周末焦虑过一次，但幸好很快就缓解了，静下心来继续学习。那时候，我撑着伞，在雨中绕着校园走了一圈又一圈，听着耳机播放的音乐，遗忘了忐忑不安。高考只是一场考试而已，我在过去的三年里经历过大大小小的考试，早已习惯了。高考那两天，我静静地坐在教室里答题，偶尔心跳加速。随着最后一门考试的铃声响起，我平静地走出考场，内心充满对高中生活的回忆，对这座小县城的深深留恋。

回首往事，虽然没有去市里读高中，但在小县城度过的这三年总体上是温馨而快乐的，很多记忆至今清晰：没等到天色全亮，就走进教室；寻到一处少有人经过的走廊，独自站着写作业；盼望着周末的到来，与同学们一起在小县城的街头品尝美食……回顾我在小县城读初中和高中的六年，我不否认其中有学习的压力，但更多的是一幕幕温馨和美好的画面。

二、回小县城生活之心的涌动

在高考成绩公布之前，我就已经决定：读完大学后，就回到我的家乡工作——这个我生活了近十年的小县城。在高考成绩即将公布时，我并不感到激动，放空脑袋，睡上美美的一觉，顺其自然地等待结果。我并非胸有成竹，胜券在握，只是估算了好几次成绩，都觉得比较"惨烈"。第二天醒来，打开微信，我看到朋友群里讨论得沸沸扬扬，朋友圈更是热闹非凡。大家都在查询成绩，我还是打破了自己的平静，颤抖着手输入考生信息，心中涌动着各种情绪，但很快又恢复平静。高考成绩比我想象中要好一些，但仍未达到我自己的要求。不管怎样，当下已成事实，过去的就让它过去吧，我没有想太多。

等到填报高考志愿的时候，就没有之前的淡定心态了，我紧绷着内心的弦，思考着要选择哪所学校、哪个专业，方便将来回到小县城工作和生活。"志愿填报比高考成绩更重要"，学校里的老师反复强调这句话，虽然听起来有些夸张，但也不是完全没有道理。无论是哪个学生，在高考志愿填报这件事上都不敢马虎处理。我想到了当一名老师，一个谈不上特别喜欢也没有讨厌的职业，于是开始比较一些师范院校和师范专业。从小时候起，我最喜欢也最擅长的科目是英语，便想选择英语师范专业。家人得知我想回小县城当教师后，便向我提了一个建议："选择公费定向师范专业会不会更好呢？"然后，家人帮我分析了选择报读公费定向师范专业的利与弊。实际上，这是我第一次听说公费定向师范专业。

我经历了漫长的煎熬，不知该如何选择——两条路都可以回到小县城教书，一条是非定向的英语师范专业，另一条是公费定向师范专业。我喜欢英语，当一名英语教师符合自己的兴趣和爱好，但想要进入相应大学的英语专业，我的高考成绩略显不足。至于公费定向师范专业，起初我很期待，但被告知所选学校的小学教育专业只有语文和数学两个方向，便望而却步了。面对难以接受的现实，我往床上一躺，双手挤着脑袋的两侧，一时不知该如何决定，似乎无论选择哪条路都会感到惋惜。我焦虑地看着志愿填报的截止日期一天天临近，心情变得更加慌乱。我不断问自己：如果非得在两者之间做出选择的话，那么要选择哪条路才能让自己减少些许不甘和遗憾呢？我为此足足琢磨了两天，其间也与家人进行了探讨，他们推荐我报考公费定向师范专业。身边的同学大致了解公费定向师范生培养政策，对免学费、发补助、有工作等政策优势特别心动，但一听到要去乡村学校服务六年，纷纷畏葸不前。他们向往繁华热闹的大都市，不愿囿于偏僻平淡的乡村。这也是可以理解的，否则为什么会有定向培养教师的政策呢！越来越多的乡村教师离开乡村，转而前往城市的学校，导致乡村教师资源不足，政府正是基于此施行公费定向师范生教育政策，以期为乡村学校及时注入新鲜的血液。

在经过深思熟虑后，我最终决定报考公费定向师范专业，并成为一名公费定向师范生。为什么要与身边的同学背道而驰呢？选择公费定向师范专业，不可否认，其中有很大程度上受到家人建议的影响，但更根本的原因是我喜欢小县城的生活，喜欢教师的工作。我从小就在小县城里生活和读书，已经有将近十年的时间了，我对这里的环境非常熟悉，习惯了这里的生活。即便是现在，小县城的教育依然滞后，尽管学校数量较多，但教学设施残旧稀缺，有的学校甚至无法提供教师午休的场所。越来越多的年轻教师似乎已经看透了留在小县城的前景，纷纷急于逃向附近的大城市，导致教师队伍的流失非常严重。这些问题对于家乡孩子们的教育都是不利的。我也认为从事教师职业可以实现自我价值，每当想到以后孩子们在我的教导下学习丰富的知识、领略广阔的世界，心中的自豪之情就油然而生。我要回到这个小县城——我的故乡，为这片养育我近十年的水土贡献一份力量。我很幸运地赶上了政策的鼓励，对此更加知足。

是的，我不后悔走上公费定向师范生的道路。在填报好高考志愿后，紧张且漫长地等待时间解锁答案。虽然我预料到自己很有可能会成为一名公费定向师范生，但仍然时常忍不住胡思乱想。"如果我没有被成功录取，我会感到很失落吗？我认为肯定会，毕竟我对成为一名公费定向师范生抱有很大的期望，希望将来能够回到小县城就业。"那时我内心总是犹豫不决，不禁幻想着自己的未来。幸运的是，最终的结果如己所愿，我欣喜不已。报读公费定向师范专业是我自己的选择，我愿意为之不懈努力。

三、在大学中漫步且奋力成长

　　来到大学，我开始接受系统的专业学习，对于教师和教育的认知与思考有了明显的蜕变。在此之前，我只是常常听到身边的人谈论"教师"和"教育"，模糊地认为教师教学生无非是用心对待，尽己所能传授知识，帮助学生提高成绩，进入理想的学校。然而，在大学的课堂上，我了解到许多中外教育家的思想，对教师职业更加触动。其中一位是约翰·亨利赫·裴斯泰洛齐（Johann Heinrich Pestalozzi），来自瑞士，是19世纪著名的民主主义教育家，他说："我为实现我一生的梦想，不惜牺牲一切，我的热情达到了那样的程度，几乎可以说——只要让我开始工作，即使在阿尔卑斯山的最高峰上，没有火、没有水的地方，都是可以的。"裴斯泰洛齐是这样说的，也是这样行动的，他放弃了高官厚禄，在孤儿院收养了80个孤儿，一个人负责他们的教育和生活起居。我读到裴斯泰洛齐的故事，肃然起敬。裴斯泰洛齐能够像爱自己的孩子一样对待收养的孤儿，是常人难以达到的境界。我想，如果我们能从中学习到他的一部分精神，那就已经非常可贵了。因而我也曾对此提出思考：假如我们能像爱自己的孩子一样去爱每一个学生，那么学生也会将爱意回馈给我们，师生之间的关系会更加和谐融洽。我们会从教书育人中获得快乐，发自内心地热爱教师职业，而不仅是将其看作一份维持生计的工作。不仅如此，如果我们真正做到用爱来教育学生，那么在教导孩子们的过程中也将会充满激情和动力，这样一来，学生可能会在我们的感染下逐渐对学习产生兴趣，师生双方将会在良好的氛围中共同成长和进步。

　　我并不是在说一些华而不实的话，经历了大二下学期的教育见习后，我走进了小学课堂，深刻地认同了教师应该以爱来教育学生。在见习的第一天，我就得到了孩子们浓浓的关爱。他们一下课就围着我，兴奋地叫着"老师好"。我第一次体验到这种奇妙的感觉。他们非常兴奋，一会儿问我教哪门科目，一会儿问我多久来次学校。更令我惊喜的是，可爱的孩子们竟然为我准备了小礼物，上面贴满了长长短短的留言。在见习的过程中，我感受到了孩子们纯真的爱意，同时也意识到了自己身上的责任。是的，既然孩子们都这么爱我，那我就更应该用爱来教育他们，营造一个充满爱意的环境，让他们快乐地学习和成长。当然，用爱陪伴孩子的成长不是那么容易，需要我在实践中不断感悟、自觉打磨。

时间一天天地过去，我参加了越来越多的实践活动，逐渐褪去刚进大学时的懵懂和畏怯，为自己树立起了一个大致的目标——成为一名优秀的乡村教师。我制定了职业生涯规划，参加了学院举办的教师技能大赛，考取了普通话、英语四六级等证书，甚至成功面试了一家省级名师工作室……在老师们的鼓励和点拨下，我积极提升师范生综合技能，慢慢懂得作为一名公费定向师范生应该要怎样度过大学生活，逐渐明确了一名乡村教师所应承担的职责。我惊讶自己的变化——自信地认为成为一名优秀教师不是一段遥不可及的路程，只要保持正确的方向和勇气。现在，我仍在实践的过程中努力向前，希望总有一天可以摘到属于自己的星星。

此刻，我提笔书写这十几年来的教育成长经历。回首往昔，无论当初经历多么艰辛，终究愉快地走到了今天，不由自主地感叹起来。啊！原来在无数个瞬间汇聚起来的人生旅程中，美好的小县城记忆居多呀！快了，快了，两年后我就能回到小县城，开启我作为乡村小学教师的篇章。

第二节　我与教育的二十年

出生至今，我已有二十年的生命历程，大致经历了接受教育、再缘教育、探究教育三个阶段。上小学前，我与外公外婆惬意地生活在小村子里。在母亲的高标准和严要求的人生规划中，我顺利完成了小学学业，进入了县里最好的中学，在此期间遇到了注重每位学生发展的初三班主任，以及推学生下"泥潭"的高三班主任……在这样的杂糅教育中，我顺利完成十二年的寒窗苦读，既有快乐和感动，也有痛苦和压力。或许是高考分数不理想，或许是压力中成长的自己憧憬平静的生活，我最终选择了公费定向师范专业。在大学老师的启发下，我经常探究"为什么成为一名公费定向师范生""什么是教育情怀""如何当一名优秀的教师"等问题。最后发现，其实自己内心深处早就渴望从事教师职业。因为体验过良好教育的影响，所以我希望向生命中的榜样教师学习；因为自己经历过读书学习的痛苦，从中看到了教育的一些不足之处，所以渴望去改变世界。总之，如今我对教师职业的认识更加成熟，希望能给未来的我的学生带去积极的影响。

一、接受教育：在杂糅中成长

从童年伊始到高中毕业，我平安地度过了寒窗苦读的十二年，在这期间接受了多位教师以及多种教育方式的教导。在杂糅的教育中，我如一株倔强生长的藤蔓，努力成长。

（一）外公外婆：学前时期的启蒙者

我出生的时机似乎有些"不合时宜"。父母当时正处于事业的上升期，加之姐姐只有两岁多，刚上幼儿园，父母无暇顾及我。正因如此，我是由外公外婆带大的，并与他们一起生活了相当长的一段时间。有时候，连母亲都开玩笑地说："我就像是外公外婆的女儿。"回想起童年，记忆犹新：那略显破旧的砖瓦房，斑驳的红漆木板门，还有因我经常攀爬树干而变得光滑的龙眼树……

外公曾经受过良好教育，当过兵，退伍后成为村里的大队干部，总有着一股"一板一眼"的劲儿，对我的教育也相当严格。快到上学的时候，外公便开始引导我握笔书写，教我认字读书。那时，大队办公室里有一间图书室，外公常常带我去那里。我喜欢读带插画的童话书，常常待上一整天，开启了获取知识的旅程。外公对我读什么书从来不作要求，完全由我自由选择。但他时常提醒我："用心读书，多读书。"大概是从待在图书室的时候开始，我与书结下了不解之缘。于我而言，书是自己人生之中如同朋友般的存在。外公对我的教育颇有成效，上小学后，我能够轻松应对小学语文的课文。现在回想起来，我发觉外公对我的教育竟有几分恰到好处的"超前教育"韵味。我的童年还有另一位重要的人物——我的外婆。如果说外公是我学习文化知识的启蒙者，那么外婆则是我性格发展的奠基者。在外婆身上，我学到了一个词语——温和。与外公"一板一眼"的"规矩"不同，外婆对我的教育显得温柔，还带有些许"纵容"。外婆是一个普通的农村妇女，虽上过小学，但说起认字，几乎没有她不认识的。在一个个无聊的黑夜里，外婆念的古诗，唱的童谣，讲述的传说，这些都是我童年记忆中最温柔的时刻。

在两位老人的呵护下，我在小村子里度过了很多年。那段时光给我的童年刻上了一道深深的印记。尽管父母不在身边，但我却从未感到孤独。相反，因为在乡村长大，我觉得自己的成长多了几分自由和天性的释放。我说不清那段时光带来的具体影响有多深远，不过每每回忆起来，我就知道它与我的灵魂不可分割。

（二）我的母亲：上小学的第一位教师

七岁时，我终于回到了父母身边，开始读小学一年级。得益于外公外婆的教导，我已然有些"小大人"的风范，自觉学习，父母无须过多地操心。其实，母亲教书，是我上小学后的第一位教师，兼顾家长和教师的双重角色，对我的教育颇为强势。她特别注重我的学习成绩，严格要求我给自己设定目标：每门科目要达到什么样的分数，在班级和年级分别要达到什么样的排名。当然，如果我达到目标，可以向她提出奖励的要求。我年龄尚小，但我明白母亲的一片苦心。她作为一个在生活中奋斗的人，和许许多多的家长一样，望子成龙，望女成凤，希望我能早日认识到现实社会的残酷，希望我在走出象牙塔之前就做好一切准备——包括思想上和能力上的准备。她相信知识的力量，期望知识上的富裕能确保我轻松地应对现实社会的挑战。小学六年，在母亲的高标准、严要求、强监督下，我成了"别人家的孩子"，一直将学习成绩稳定在年级前十，常年稳居学校的光荣榜。

记得当时，我主动提出要去课外辅导班学习下一学年的课程。作为一名小学生，我竟然有这样的想法，也许让人们感到难以置信，然而，在惊讶的目光中，我的的确确这么做了。奥数班和英语班的辅导费用不低，家里的经济条件实际上并不宽裕，但父母对于我的学习请求，干脆利落地答应了。说句实话，我自己也不知道为什么从小就对学习如此热忱。是因为父母的期待吗？还是因为我内心深处就喜欢学习呢？现在回想起来，我似乎明白了小时候那个重视学习的我：一部分是因为父母的期待，另一部分是因为生活的残酷。我很早就相信"读书改变命运"的道理，这使得我在学习上独立好胜。在小学并不轻松的学习过程中，我享受着成为"别人家孩子"的骄傲和自豪。

不可否认，母亲对我的期待既是动力，也是压力。然而，她的教育方式并不总是对我的成长那么有益，甚至影响了我对教育的思考和选择。《战国策》中的名篇《触龙说赵太后》有言："父母之爱子，则为之计深远。"意思是说父母疼爱自己的子女，就必定会为子女们深谋远虑。作为教师，她非常清楚教育对个体人生发展的关键作用，自然会重视学习成绩。作为家长，母亲深知教育的重要意义，因此在为我感到焦虑的同时，甚至无形中将这份焦虑"传染"给了还是孩子的我。我勤奋、努力、刻苦，原因在于我不愿意在未来落后于他人。在很长一段时间里，我认为教师是侧重于传授知识的职业。想到自己作为学生身处其中，有苦难言，因此，我根本没有考虑过将来要当一名教师。

（三）中学班主任：青春时代的多元教育

小学毕业后，我顺利地考上了全市唯一的一所重点中学。至此，可以说已经实现了母亲在小学阶段给我设定的"终极目标"。在小学阶段的教育经历中，我难以避开母亲的身影，随着初中阶段课程内容的增多和学习难度的加深，我选择住校，暂时摆脱了母亲的管束，独立地接受教育和感受教育。

一位微胖而干练的教师，姓何，她是我读初中三年级时的班主任，在我迷茫无助的青春期中出现。我进入我们市里唯一的一所重点中学，虽然达到了母亲的期望，但在激烈的竞争氛围中感到了一些压抑。这所学校有太多学习优秀的学生了。在这个优秀的群体中，我并不显眼，"泯于众人"。加之母亲不在身边监督，我变得自由，似乎对学习产生了厌倦之情，不想前进，不知应往哪个方向出发。我自知不该如此低迷，渴望改变，但又力不从心，不知所措，一日比一日感到不安。我很幸运，就是在这个时候，我遇到了何老师。全校的学生都畏惧她的严厉，但作为她的一名学生，我感受到更多的是她严厉中的温柔——这种温柔，最能捕获人心。何老师教语文，采用一套与众不同的教学方法。何老师虽然谈不上是位名师，但点燃了我对语文的热情，激发了我备战中考的信心。我的成绩在班里相对普通，如同一个"小透明"，以往很少引起老师们的注意。唯独何老师对我格外关注，她的关注成为我在初中前进的最大动力，我逐渐忘却了自认为平庸失败的感受，全心全意地投入即将到来的中考。尽管我没有通过学校的提前批录取考试，但在参加全市统考的中考时，以接近700分的成绩顺利升入学校的高中部。在我回归学习、努力进步的过程中，何老师可能不是决定性的因素，但却是不可或缺的关键因素。我默默地观察着她充满温情的眼眸，看到她对班级每一位同学的关注。在她的关注中，我自信而勇敢地重新出发，相信一定能找到属于自己的万丈光芒。

想成为一名老师的念头，大概就是在那时候萌芽了。这个世界上一定有许多和我一样敏感的孩子，面对分数的筛选机制，在努力的过程中丢失了自我。此时此刻，又有多少老师真正地关注他们、帮助他们呢？我对一名"优秀老师"的印象和理解，正是来源于何老师。在整个中学时代，我见过各种类型的教师：有年轻活泼的，深受学生喜爱；有年长但心智年轻的，充满了幽默；有耐心热情的，喜欢写思维导图笔记……尽管他们并不像何老师那样深刻地影响了我，但他们也在推动着我长大成熟。

然而，我也很不幸地遇到了一些推学生下"泥潭"的老师。如我的高三班主任，常常给班级同学增加压力。他情绪不良，上课刻板，对同学们的成长漠不关心，只是单纯地完成教学任务。在备战高考的冲刺阶段，我努力了很久，并没有明显地提升成绩，我感觉自己陷入了一个"怪圈"：努力但收效甚微，压力随之而来；然后只能更加努力，压力就变得更大。

那段时间，我情绪极其不稳定，连父母都小心翼翼地与我交流，生怕一不小心，我就崩溃了。或许我是对高考反应过激的个例，但毫无疑问的是，班级的每一位同学都承受着不同程度的压力和焦虑。正是学生时代最艰难的时刻，高三班主任却完全察觉不到同学们的情绪。有一次，他在晚自习时进行了严厉批评，言辞中充满了打击，让很多同学委屈地低着头。我不愿回想那一幕的安静——空气屏住呼吸，笔停止了哼唱。不少同学用手挡住眼角的泪珠，在昏黄的灯光下，我们的眼神也黯淡了。我们都有自己的梦想，或许不自量力，但这是我们的权利。作为一名教师，作为我们的班主任，他的批评实在是"残忍"。

当时自然不懂得教育的真谛，但我觉得，一个班主任不应该是那样的。我和一个朋友谈起自己的压力和恐惧，其中屡屡吐槽我的高三班主任。朋友和我分享了她的堂姐去西藏支教的照片——孩子们围成一圈，抬头看着他们的老师，眼里闪耀着光芒。老师沐浴在阳光里，笑得通红，特别幸福。

"菀菀，你认为一位合格的教师应该是怎样的？"

"至少不应该像我高三班主任那样，可能更像你堂姐那样吧。"

"菀菀，你想去西藏支教吗？"

"如果有机会，我想去。和孩子们一起追梦，是一件很酷的事。"

"菀菀，如果你成为一名教师，一定会很出色！"

二、再缘教育：在两难中抉择

高考成绩公布后，我开始准备填报志愿。回顾当时的选择，我仿佛在与命运赌博，惶恐地揣测着未来的人生。为什么我选择了现在的大学，为什么我选择了公费定向师范专业，这是一个有趣的话题。

（一）寻问的自己

高考成绩揭晓的那天，父母不在家，我独自查看了分数。我的高考成绩没有达到预期，我依然清楚地记得，当时心中所经历的波澜。我感到百感交集，像是悲伤，又像是释然，像是晴天霹雳，又像是意料之中。我将自己关在房间里，坐在熟悉的书桌前，呆呆地凝视着玻璃窗，从白天看到深夜。经过对比许多学校和专业，我试图找到一个最正确的答案，但我无法确定填报志愿所做的决定在未来正确与否。

在高考志愿填报的参考书上，我看到了公费定向师范生的招考信息，于是努力冷静下悲伤的思绪，仿佛找到了答案。我打开房门，抱着两本厚厚的志愿填报参考书走出来。其实，当时父母都在客厅，他们无法提供实质性的帮助，只能默默等待我的选择。我无法进入理想的大学，曾考虑过复读，但很快放弃了。回忆起高三的点点滴滴，我没有勇气再读一次，担心自己无法承受备考的巨大压力。我无法用言语形容自己在高三时的痛苦、挣扎和焦虑，只能简单而概括地说——非常糟糕。记得有一个周末，我又回到了外婆家——那个让我内心安宁的小村庄。由于我要走很远的路去学校，第二天早上五点就得起床，坐上外公老旧的摩托车。当时正值寒冬，天色漆黑，只有一点朦胧的光线，村子出奇地安静，只有摩托车行驶的声音。外公突然说道："菀菀，读书很辛苦吧，我看你都瘦了。你不要太在意成绩，别给自己太大的压力。"说不清外公这番简短的话，为何触动了我。当时我忍不住溢出眼眶的泪泉，但又不敢哭出声。那个深深地烙在我脑海的早晨，或许是我对高三最真实的感受！

前面是六年定向服务期的硬性要求，回头是高三生活带给自己的阴郁，在进退两难的煎熬中，我最后选择成为一名公费定向师范生。填报高考志愿就如同在跟自己的人生"打赌"。在做出最终决定之前，我从未如此认真地和内心的自己对话：我能接受六年的定向服务期吗？我有志向走乡村教育这条路吗？我可以面对不被录取而再读一次高三的挑战吗？当我做出了填报公费定向师范专业的决定，依旧想了很久，好像什么也没想明白，又好像把一切都想明白了。我总得有个打算，于是下定决心：只填报了一所地方师范学院的定向专业，即小学教育，其他志愿都空着。我非常害怕无法被录取，但也学会了释怀，大不了复读一年。成长就是这样，我们与自己对话，然后做出选择。

坦白地说，当时选择成为一名公费定向师范生，我并没有宏大的志愿和理想，只是不喜欢太忙碌的生活，只是不想从事快节奏的职业。选择的背后，或许隐藏着自己对教育的一丝兴趣，又或许是对过去学习压力的逃离。我不确定自己对教育有多么深刻的情怀，或许有更多的原因促使我选择了这个大学、这个专业，但可以肯定的是，我的抉择经过了我的认真考虑。

（二）苦心的父母

事实上，父母比我更关心高考成绩，不过我能感受到，他们当时对我的关心与小学时期对我的关心不一样，他们也在成长和改变。我没有被他们打扰，只是拿着高考志愿填报的参考书走进客厅时，发现他们的眼中充满了惊喜、担忧、关心……复杂的情感在父母的眼神中流转，不知为何，我仿佛真切地听到了父母心脏沉重的搏动，感受到他们渐渐衰老的迹象。

做出选择成为一名公费定向师范生的决定后，我从父母的神色中感受到的不是放松和喜悦，而是深深的担忧和不确定。母亲拨着一串串数字，逐个地联系教育领域的同事，去打听公费定向师范生教育政策的信息，比我更希望得知这个决定的正确性。父亲没说话，静静地坐在一旁，那几天一再问道："你真的想读这个专业吗？或者你想重新回到高三拼一把？"父亲担心我有更高的理想，却因此而妥协于现实，虽然无法判断我做出的决定是否正确，但他只希望我能遵从自己内心最真实的意愿。高考不仅是对学生的考验，更是对家长的考验。在那几天里，考生的父母一定特别焦虑。不知道为什么，在做出决定以后，我变得更加坚定，无论他们问了我多少次，我都会坚定地点头坚持我的决定。

（三）身边的亲友

确定高考志愿选择后，我接到了许多电话。外公外婆在电话里将了解到的信息详细告诉我，一而再、再而三地向我确定高考志愿的选择。我非常清楚，电话的那头是他们最深沉的牵挂。还有一些打电话的亲友，试图劝说我更改志愿，比如我的舅舅，他看着我长大，认为我有更广阔的天地，自然，我婉谢了他的建议。还有很多朋友给我打电话，听到我填报的志愿，有支持我的，也有不支持的，有惊讶的，也有鼓励的……很多的人，很多的观点。我再次意识到，只有对自己认真考虑过的决定，才最值得自己去坚定。

在无数个电话里，我最难忘的是一位朋友的声音："菀菀，过几年你就真的是一名教师了，一定很棒！"我想起她和我分享的故事和照片——她的堂姐在西藏支教，心中恢复平静。时过境迁，我最后真的选择了教师职业。朋友说，她对我选择公费定向师范专业的决定，一点都不感到意外。也许成为一名教师的念头，在我不知道的时间里，悄然在我的心头生长了，只是我自己没有发现罢了。

（四）远方的人们

父母曾答应我来一场高中毕业旅行，我选择了凤凰古城——沈从文笔下有翠翠的地方。下船后，我来到一个码头，注意到一个小摊，一对姐弟在摆摊，面前放着装冰糕的泡沫箱，他们黝黑的皮肤和格格不入的年纪使得他们在一众小摊中特别显眼。走过他们的时候，我发现那位姐姐在看书。这样奇妙的发现让我忍不住多看了她几眼，那本书有些旧了，看起来是小学的教材，她似乎在读一个故事性的课文，时而抬起头来看看有无过往的人买冰糕。我不知道她的家境如何、成绩如何，更不知道她为什么在这里读书。但是在那一刻，我突然有一个奇怪的念头：如果我作为一名教师，能让我的学生如此爱读书，应该挺了不起吧！

对于自己的决定，我日渐坚定。我曾说过自己并不想从事教师工作，最终却成为一名公费定向师范生，这听起来实在有些匪夷所思！我也认真思考过做出这个决定背后的理由：也许我天生是个比较感性的人，对自己所经历的教育体会深刻，从中看到了教育的一些不足之处，有想要去改变的愿望。或许还有更多深埋在我内心的原因，可以追溯很远很远，暂时我是不能得知了。

三、探究教育：在大学中思考

九月份，我带着录取通知书来到即将在此生活四年的师范学院，那时内心平静，并未如曾预期般期待和激动。是的，四年后我将成为一名教师。但此时的我，并不清楚成为一名教师对我的人生而言，究竟意味着什么？我似乎了解成为一名教师的意义和价值，却又似乎不了解，毕竟没有实实在在的触动。那些人人皆知的大道理，着实太空虚了。

（一）懵懂：为什么选择成为一名公费定向师范生

第一次坐在大学的教室，我的班主任卢老师向我们提出了一个问题："谈一谈你对教师的理解，为什么选择成为一名公费定向师范生？"正在与舍友聊天的我立刻沉默了。我只不过是曾经想成为一名教师，对教师的理解就是教书育人。至于我为什么选择成为一名公费定向师范生，那是我的一场"赌局"而已。意识到这样的回答似乎有些不妥，我没有说出自己的想法。我是困惑的：教师，到底意味着什么呢？

不久后上了魏老师的课，我若有所悟。魏老师板着严肃的脸，环视教室的每一位同学，问了相同的问题："你为什么选择成为一名公费定向师范生？"他走下讲台，缓缓地路过每一个座位，激动地追问："你们明白一名教师的责任与担当吗？你们理解社会对教师这个职业的期待吗？你们知道一名教师应该做什么吗？"魏老师向我们强调了四个字——教育情怀。什么是教育情怀？魏老师的解释通俗易懂："对教育事业真正地抱有热情，对学生真正地拥有感情。教师是一个爱孩子的职业，一个没有教育情怀的人，不应成为一名教师，否则他会危害教过的每一个孩子。"以前我只是选择成为一名教师，没有深入认识教师的使命感、责任感。听完魏老师的一席话，我似乎有所领悟：教师职业从来不是我想象中的那么简单，它如一叶小舟，承载的是有生命、有灵魂的个体，我必须兢兢业业地摆渡。

某天黄昏时分，我坐在学校图书馆的窗边，夕阳伸了伸懒腰，温柔地躺在我的书上。我突然发现，不知从何时起，已经不再为这场"赌局"胡思乱想。我来到大学已有大半个学期了，开始认识到教师职业的复杂性，逐渐明白了成为一名教师的艰巨性。我坚定地渴望在教育领域有所建树，希望我的学生能因为我有所收获，更加快乐。我由困惑走向执着，是一个奇妙的过程，自己也无法说明这样的转变。也许我选择对了——教育是我的心之向往。走进大学，我不仅渐渐地想通了一些有关教师和教育的思考，而且更加热爱乡村小学教师职业。

（二）历练：成为一名优秀的教师

我想成为一名优秀的教师，在老师们的谆谆教诲中不断打碎自己，不断重塑自己，其中魏老师对我影响至深。魏老师曾告诉我们："这个时代并不缺乏聪明的人，缺乏的是踏实的人。"在当今这个浮躁喧嚣的时代，踏实显得极其珍贵。要想成为一名优秀的教师，必须具备扎实的教学能力和过硬的专业素养，还要下功夫研究教育，从而拓宽视野、触类旁通。我想要达到这种境界，没有踏实的努力，怎么可能实现呢？

过去，我缺乏踏实的态度，直到我对自己立下成为优秀教师的誓言，为了实现自己对教育的期待，我努力向身边的优秀榜样看齐。我参加各种与教师技能相关的比赛，获得普通话证书，利用图书馆资源充实自己，并积极通过公开演讲锻炼自己的表达能力。大二上学期，我竞选学生会主席团，看着台下听众好奇的目光，我能感受到自己喉咙发出的颤抖的声音。但我一直告诉自己——紧张是可以有的，但不能让大家察觉到。我保持微笑，至少看起来很自信。我成功当选，这份成功给了我无限的勇气面对未来。就是这样一次次地靠近自信，然后真正地变得更加自信，这是我开始踏实的见证。

我很庆幸自己来到这所百年师范学府，很庆幸自己能够遇到这些优秀的老师，很庆幸自己当时那场"赌局"的结果。在我的大学生活里，在大学老师们的课堂上，我通过更丰富的视角对教育、教师、教学继续有了更多的认识和思考。我深知自己距离期望的高度还相差甚远，我需要继续在这里步步前行。

（三）成熟：做一名给学生积极影响的教师

之后，我又开始思考：如何才能成为一名优秀的教师呢？专业素养扎实，教学能力出色，为人处事踏实……我想到很多，却总觉得少了什么，长期以来都没有明确的答案。

有一次，一位老师和我们讨论生命，这使我想起了我的母亲和多位老师，仿佛找到了答案。他问："生命的意义到底是什么？"生命是一个宏大厚重的话题，我不曾认真想过，不敢轻易回答。作为教师，我们必然会在每一位学生的生命中留下痕迹。我回忆起我的受教育的经历，发现老师们各有教学气质，各具教育魅力，对我的影响有积极也有消极，他们虽然不完美，但大多都能尽职尽责地陪伴我们。无数的思绪如天空中的一朵朵白云，徐徐地飘过心头，温馨而浪漫，答案就像爱折腾的孙行者，突然在某一刻窜出来——我要成为的优秀教师，是一名给学生带来积极影响的教师。无论是哪一方面，无论影响或大或小，只要我的教导给他们的人生创造积极的影响，哪怕只是短暂的一小段时间，我就觉得不算辜负自己的努力。

我心中的优秀教师模样——给学生积极的影响，是如今二十岁的我对"教师"职业的回答。这个答案或许有些幼稚，也不够完善，但是没有关系，因为我还在继续前行，还在用实际行动不断追寻答案。曾子曰："士不可以不弘毅，任重而道远。"二十岁的我写到这里，只是写下第一个二十年，我知道，我的教师道路远不止于此。

第三节　故乡的芒草

我是独生女，出生在农村，一处漫山遍野是芒草的地方。记得上幼儿园的第一天，我遇到了一位言语粗暴的教师，这给我留下了恐惧的阴影，母亲得知后立即将我转到了另一所幼儿园。幸运之神眷顾了我，此后，我遇到了一位又一位充满爱心的教师：鼓励我参加演讲比赛的老杨、帮助我提高成绩的初三化学老师、陪伴我三年的高中班主任……因此，我希望自已成为一名教师。然而，在填报高考志愿时，看到五花八门的选项，我陷入了迷茫。父母向我强烈推荐了公费定向师范专业，我不知所措，先后向舅舅一家、高中班主任和已经就读公费定向师范专业的同校师兄了解相关的信息。了解之后，自以为公费定向师范专业也不错，然而说不清为什么，我没敢在提前批志愿填报它。就在系统截止日期那天的凌晨三点，妈妈再次与我交谈，我再三思考，在犹豫中最终还是报考了公费定向师范专业。有时，我会感到不开心，郁闷自己似乎总是为了他人而做出选择，埋怨父母自私的短见。当然，总体而言，我是快乐的，因为毕竟实现了自己的教师梦。来到大学后，我从课堂书写、课堂语言、解读教材等教师基本功练起，努力提高专业思想的深度，积极参加课外实践活动。在这个过程中，我接触到了一些贫困家庭的学生和家长，深深感受到了乡村地区教育的滞后，同时也更深刻地认识到公费定向师范生的时代价值与意义，渐渐地认同了自己身为公费定向师范生的角色，并对即将到来的乡村教师生涯充满期待。

一、芒草的生长：颠颠撞撞寻梦

春天里的芒草，是我孩提时的最爱。那时的芒草最可爱，想长成什么形状就长成什么形状，随心所欲，自由自在，完全不用顾及他人的看法。回忆过往，我觉得在还没有上学的时光里，自己如同《爱弥儿》一书中描绘的那样，任由天性发展，快乐地在大自然中度过。我从小就喜欢读书，这要归功于我的母亲和外公。外公年轻时在部队当通讯兵，习得一手好字，写得一手好文。我希望能像外公一样，能写一手好字，能练一手好文。外公崇尚尊师重教，教导我要好好学习，将来成为一名教师，教书育人，为祖国培养栋梁之材。于是，小小的我听着外公的话，尽管对教师这个职业还不了解，但我心中萌生了长大后当教师的想法。

我读的第一所幼儿园，可谓是童年挥之不去的阴影。幸运的是没上几天，母亲就及时将我转到了另一所幼儿园。在第一次上学的前一晚，我兴奋地向母亲问了很多问题，心中充满了喜悦。然而，当我来到幼儿园的第一天，我感到的却是极度的恐惧。并非是因为不适应新环境，闹着想回家，而是因为幼儿园教师的粗鲁言辞教育。我仍然记得当时的老师对我大声训斥道："你还吃不吃，不吃我就把饭倒进垃圾桶。"仅仅因为我吃饭速度稍慢，竟然受到了这样的指责。结果是，我还没吃上几口饭，餐具真被收拾走了。到了第二天，我再也不愿意去幼儿园了，觉得学校如同"牢笼"，而教师如同只会骂人的"巫婆"，脑海中频频浮现出那位老师不耐烦的表情。母亲得知情况后，立即将我转到了另一所幼儿园。后来读高中时，母亲提起当年转幼儿园的事："幼儿教育非常重要，教师对一个孩子的态度将直接影响他的学习兴趣和身心发展。"后来的我，对教育有了一些认知，回想起那位对我粗言恶语的幼儿园教师，我对她的憎恨依然未减。我在想：无论我以后是当教师还是作为家长，一定不能用简单粗暴的方式对待孩子。

在小学四年级时，我仍如一年级入学时那样腼腆拘谨，羞涩内敛，得益于一位老师的鼓励，我才渐渐变得活泼开朗。我将这位老师称呼为"老杨"。我喜欢阅读，有时还会在课室小声地朗读，而老杨注意到了这一点。学校举行演讲比赛时，老杨主动过来问我是否愿意尝试。起初，我内心本能地想摇头，因为需要脱稿演讲，我担心自己会因紧张而出错，更加胆怯了。然而，老杨微笑着说："你有演讲的天赋，我听到你在课室的朗读声时，都忍不住跑回办公室向其他老师夸你。你先试一试，不用担心结果。"哇！我竟然一直被老杨默默关注。在老杨的称赞中，我兴奋地报了名。每逢课间或放学后，老杨抽空陪我一起打磨讲稿，练习感情、语调、语速……由于我领悟较慢，有时甚至反复向老杨询问自己是否真的具备演讲的天赋，老杨每次都微笑点头。渐渐地，我褪去了以往的腼腆羞涩，踊跃地与同学相处，自信大方地站在全校师生面前完成了人生中的第一次演讲。这段经历不仅激发了我对语文学习的兴趣，也对我日后喜欢站在讲台上给同学们点评、分享学习经验起到了一定的推动作用。老杨是我的关注者、支持者和见证者，他对我的鼓励太重要了！

回忆往事，我仿佛转眼间已经到了初升高考试的关键阶段。苦于化学成绩一直不太理想，成为我的短板，我时常感到焦虑、郁闷和烦恼，幸好得到初三化学王老师的鼓励和帮助，逐渐提高了化学成绩。那时我的化学成绩，真是令人扼腕，但王老师并没有因此嫌弃我，而是耐心地引导我认识宏观和微观的物质世界，并用通俗的比喻启发我，帮助我理解。即便是十分幼稚的问题，王老师也总是认真地解答我的每一个疑问。在我的心中，化学老师就像是一位和蔼可亲的大哥哥。每当遇到困惑时，我都会拿起课本和练习册，毫不犹豫地敲响他办公室的门。王老师是个极其忙碌的人，但只要看到学生有困惑，他总会放下手头工作，拿出笔纸画图，详细地解答每一个问题。起初，我常常因为不及格被他叫到办公室，心里做好了挨批的准备，殊不知他总是重复给我评讲试卷，并出几道类似的题目来检验。功夫不负有心人，在王老师的悉心指导和鼓励下，我的化学成绩在中考中达到了91分，比以前进步了30多分。当时我仍犹豫是否成为教师，但我仍想如果将来我成为一名老师，就向王老师学习，不根据学习成绩对一个学生偏爱或严肃，公平、公正、公开地关爱所有学生。学生的学习成绩固然重要，然而不能只注重结果，更要注重学习的过程。简而言之，我认为教师应怀着一颗平等之心与每个学生相处。

在高中时期，我遇到了许多对我影响颇深的教师，其中一位是陪伴我从高一读到高三的班主任。正是他坚定了我成为一名教师的理想。到了高二，我在文理分科的抉择中倾向于文科。班主任问我："你的选择是什么？"我告诉他："我想选文科。"他继续问道："你为什么选择文科，理科的发展空间不是更广吗？"我当时坚定地告诉他："我希望将来考上师范类大学，成为一名受人尊敬的教师。"他再次问我为什么，我回答道："我喜欢和孩子们玩耍，我想成为一名光荣的人民教师，为孩子们创造更多美好的未来。"班主任并没有追问，他注视着我，语重心长地说："你的目标听起来有些高远，但你要从实际出发，先努力学习，考上理想的师范大学，待那时再谈你对优秀教师的追求和教育理想，加油！"我并不觉得班主任是在否定我，若有所思地点头，回到教室继续埋头苦学。

距离高考仅剩一个月的时候，我的学习成绩依然不尽如人意，自然而然地对自己是否能考上本科产生了怀疑。我感到焦虑和矛盾，决定回家复习。班主任似乎察觉到了我的心理状态和想法，在晚自习结束后，总会找一些恰当的理由留下我一个人，在校道上散步疏解压力。他说："关关难过关关过，前路漫漫亦灿灿。现在不只是你遇到困难，大家都面临压力，你只需平常心对待高考即可。耐心坚持到最后，你就会发现高考其实并非如此重要。"我听从班主任的建议，顺其自然，不知不觉中振奋精神迎接高考。

我成功了！在忐忑忑忑地仔细核对了五遍参考答案后，我对自己的高考答题感到比较满意。我立刻平静下来，仰望着天空，万里无云，一片湛蓝。班主任是我人生迷茫时期的指路人，与我分享了许多实用的建议。我明白了：一位教师对学生的肯定性评价极大程度上影响着学生对自己的定位，以及他后续行动的执行。我便是这样，在班主任的鼓励下，从曾经懒散、胆怯、内向的状态中走出来，对未来充满信心，即使经历了突如其来的挫折，仍能独自面对。

夏天就像小孩子的脸，说变就变。在刚刚结束高考的那段时间，经常遇到大雨，于是我便一头扎进密密麻麻的芒草丛中，安逸地等待雨过天晴。

二、芒草的选择：梦想飘向何方

我一直有成为一名教师的梦想，但在填报高考志愿时，翻看着两本厚厚的参考书，面对五花八门的选项，我还是陷入了迷茫。我究竟应该选择怎样的发展方向？是选择教育还是法律，抑或是其他职业领域？是选择彰显人生价值的职业，还是选择能满足物质需求的专业？又或是工作收入看似低但有长期发展潜力的领域？填报志愿和参加高考一样重要，关系到个人的一生的发展。我瞬间涌现出许多忧虑，不敢有丝毫马虎。

高考成绩终于公布了。我的分数还不错，足以进入本省一流的本科院校，我感到非常开心。然而，当我翻开那本厚厚的介绍全国高校专业的志愿填报指南时，对于是否选择师范专业，我突然迟疑不决了。因为我发现，可以选择的专业实在太多了。之前的想法再次动摇了。面对众多的专业，我不知道如何做出决策，是选择稳定一点的，还是选择未来有较好收入的专业，或者其他一些专业。脑海中瞬间涌现出太多想法，让我在选择中迷失了方向。

填报高考志愿和选择大学专业是人生重要的抉择，重视子女教育的家长很难做到置身事外。我的父母也是如此。由于他们之前了解过公费定向师范生教育政策，加之知道我有志于成为一名教师，认为我的性格适合从事教师职业，为此对我做了好几次思想工作——填报公费定向师范专业，鼓励我成为一名乡村教师。从父母口中，我了解到公费定向师范生教育享有免除学杂费、上学有补贴、毕业后有编制工作等政策福利。考虑到家里正在面临经济困境，我对这个选择比较动心，在内心默默斟酌。然而，我一时之间无法确定自己的选择，便去请教陪伴了我三年的高中班主任。我问他："我以后选择什么职业会比较好？当教师怎么样？读公费专业好不好？"令我意外的是，平时爱出很多主意的班主任，竟然只回答了我一句简短的话："遵从内心！"的确如此，我的人生属于我自己，应该由自己做主，由自己去选择。在查阅了大量资料后，我认为公费定向师范专业对我而言更有利，于是决定在提前批报读这类专业。

当我准备填报公费定向师范专业时，一通电话打乱了原本的计划。一所警官学院的招生办打电话到我家，询问我是否有意愿填报他们的学校，并明确地告知我录取概率很大。面对突如其来的电话，我感到开心却也矛盾。一方面，警官是一份光荣的职业，我从小就喜欢看刑侦电视剧，非常仰慕警察，仰慕警察形象的英姿飒爽，仰慕其为民除害的勇猛无双。另一方面，我在提前批志愿只能选择一所学校，而教师又是我长期钟爱的职业。我陷入了纠结之中，在师范专业和警察专业之间徘徊，一时退出高考志愿填报系统，以防自己冲动而选错专业。

我决定去舅舅家，和他们一家谈谈我的处境和想法。舅舅认为成为一名警察非常不错，学习警察专业还可以增强身体素质。然而，舅妈更倾向于我选择师范专业，她说教师一年有两个长假期，成家后能够更好地照顾家庭和孩子。长辈们各抒己见，形成了两派观点，一个由父母和舅妈组成的选择师范专业派别，另一个由舅舅和外婆组成的选择警官专业派别。外婆说，如果我成为一名警察，那会多酷啊，而且女生作为警官，很大可能会在办公室工作，这是相当不错的选择。听到这些，我更加摇摆不定了。因为这两个职业对人生发展而言都很不错。我既没有更倾向于哪一种职业，也不确定自己是否适合这两种职业。

两派观点的声音时常扰乱着我的思绪。有时我觉得公费师范专业更好，有时又觉得公费警察专业更好。在犹豫中，我又咨询了高三时认识的师兄。他正在大学攻读公费定向师范专业。师兄详细分析了报读公费定向师范专业的优势：减少了找工作的困扰、教师工作较为稳定、工资待遇逐步提高，等等。他还谈到自己参加学校教育见习时的趣事，这不经意间触动了我的师范初心。师兄说："站上三尺讲台的那一刻，我真的非常开心！我能感受到来自孩子们的爱意，看到他们嘴角里的笑和眼里的光。"的确如此，我也喜欢和小孩子待在一起，如果成为教师，每天都能面对那么多笑脸，就好像保持着年轻人的活力，不断治愈自己。是的，我想成为一名教师。但不知为何，我始终没有勇气在提前批志愿中填报公费定向师范专业，只填报了普通类师范专业。直到再次听到母亲的话后，我才最终下定决心填报公费定向师范专业。

填报志愿的最后一天晚上，父亲问我："你真正想追求的人生道路是什么？你应该问问自己的内心，遵从自己的意愿。"说实话，在填报高考志愿的过程中，我承受了巨大的压力。临近截止时间，我努力回想自己曾经的梦想，努力在脑海里构建未来职业的蓝图。我选择填报了两个师范专业，一个医学专业和一个警官专业，空出了提前批那一栏，并没有将公费定向师范专业列入提前批志愿。第二天凌晨三点，母亲急急忙忙地敲响我的房门，要和我进行最后一次谈话。她说家里只有我一个女儿，公费师范生定向就业地刚好有家乡的名额，希望我留在家乡工作，并提到了很多待在家乡工作的好处。"闺女，妈只有你这么一个女儿。"听到母亲说这句话，或许是因为这句话，我改变了自己的决定。最终，我被说服了，连夜修改了志愿，在提前批志愿中补上了公费定向师范专业。人们常说，凡事不能只考虑个人。我需要考虑的远不只是我自己，也不能只是我自己。在犹豫中，我最终选择了公费定向师范专业，成为一名乡村教师。或许，这是我最好的选择。

报上公费定向师范生志愿后，觉得鼠标轻轻点击几下，就改变了人生的航向，我的心情变得五味杂陈。我常常在想：这真的是我自己的意愿吗？还是父母所说的"为了我好！"呢？人生会面临许多选择题，然而每次做出选择时，好像都不是为了自己。我仿佛陷入了自我埋怨的深渊，不知道为什么总是思前想后。最终，我慢慢明白了，这是我所承担的责任。教育家让-雅克·卢梭（Jean-Jacques Rousseau）曾说，人生而自由，却无往不在枷锁之中。法则是枷锁，责任亦是枷锁。填好志愿后，表面上我感觉找到了方向，但我也意识到自己被束缚了，内心是有些许抗拒的。

没过多久，录取结果公布了。我成功被提前批志愿的公费定向师范专业录取。这意味着我正式成为一名公费定向师范生，并且预示着四年后，我将成为一名乡村教师。我既感到兴奋，又感到不安，不断反问自己一系列问题：我真的适合教师职业吗？我是否能成为一位出色的教师？必须承认，我已经做好了心理准备，开始了解有关教师课堂教学需要注意的一些事项，观看一些名师授课视频，尝试总结优秀教师所需具备的核心素养。此时，我开始主动了解公费定向师范专业，并逐渐接受了乡村教师的职业道路。

三、芒草花盛开：梦想终归实现

成为一名教师的梦想终于在风雨后的阳光下开花了。这个梦，如同芒草花一样，装扮着我的盛夏，在凉爽的山风中惬意地舒展。外公依旧骑着那辆老式的永久牌自行车，送我去坐上驶向大学的大巴车，在告别前不忘嘱咐我要好好学习专业知识。和小时候一样，我向外公挥手告别，开启了大学的新征程。透过窗外，望着外公蹒跚远去的背影，刹那间意识到：那个坐在自行车后座嚷着外公讲故事的小女孩长大了，而她的外公变老了。

我们之间，一如从前那般默契，我依然对外公保持着尊敬。他是一位退伍军人，培养我从小体验阅读的乐趣，养成阅读的良好习惯。汽车慢慢驶离我的故乡，驶离芒草茂盛的青青山城。

大学第一学期，学院为我们安排了职业生涯规划课程，由辅导员苏老师授课。苏老师告诉我们，刚进大学的时候，我们常会有一种错觉——许多人认为你应该怎样行动，就决定了你将会成为什么样的人。事实上恰恰相反，你选择做什么，你付出什么样的努力，最后才会定义你是谁。我似懂非懂，明白自己作为一名公费定向师范生，将去乡村学校任教，为国家培养人才，自然要对自己当初的选择负责，理应努力学习专业知识，全力提升师范生的综合技能，成为一名优秀的乡村教师，不辜负国家和社会的厚望。

"三笔字"与教师语言是公费定向师范生必备的两项基本功，也是教师的基础技能。所谓"三笔字"，即钢笔字、粉笔字和毛笔字。我小时候受外公爱好练字的熏陶，在潜移默化中得心应手地写出漂亮的钢笔字，而且将钢笔字的书写心得运用到粉笔字的书写上，表现也不错。在上大学之前，我虽然没有接触过毛笔，但由于具备练字的习惯和经验，我很快就掌握了毛笔字的技巧。在闲暇时光，我要么在草稿纸上洋洋洒洒地写满一堆字，要么去教学楼寻一小块空闲的黑板练字。一位教师写得一手漂亮的字，不仅对个人有益，而且会成为学生积极学习的榜样。清华大学校长梅贻琦曾说："一个优秀的老师，优秀的不仅是他本身，还有可以带给他学生优秀的东西。"在我看来，优秀是可以传递的。一位教师想教出优秀的学生，他本身必须是一位优秀的教师。我想让我的学生写出一手好字，首先我必须写好字。

我训练教师语言的基本功可谓费尽心力。首先，我报名参加了学院文工团的司仪队，从当一名主持人开始，提升自己的语言表达能力。演讲之所以能够吸引听众，关键在于能触动他们的心灵。同理，教师在课堂上的讲话，不仅要求普通话发音标准流利，用词修饰精美细腻，更重要的是要讲的内容能够引发学生共鸣。其次，以赛促学。在大一时，我参加了教师语言基本功大赛，虽然没有通过初赛，但我并没有放弃，虚心分析每位选手的开场白、语言风格和语速，期待着下一次再战。在大二时，我再次参加了教师语言基本功大赛，吸取了第一次没有通过初赛的教训，一路过关斩将冲到决赛，并获得了第二名的优异成绩。这与我的努力是分不开的。我深知作为一位教师，需要学习的知识还有很多，讲课的艺术是多样的，需要不断地去探索。现在正值大众创新的时代，我们要培养自己的创新能力，努力成为一名具备创新思维的新型教师。成为一位卓越的教师，敢于走进未开化的边疆，走出一条自己对教育的感悟而凝练出来的教育路径。

在大学老师的课堂教学中，我产生了一种危机感：公费定向师范生将来要承担起全科教师的教学职责。一些老师在课堂上向我们介绍了乡村小学的教育现状，告诉我们未来在乡村教书可能不会担任所学专业方向的科任老师，可能因为乡村教师数量严重不足，要跨学科教学，成为一名全科型的乡村教师。我的专业方向是小学语文，本来应该将更多的时间和精力投入小学语文研究中，但一想到可能要进行全科教学，我又拿起了那本在我看来十分枯燥晦涩的《问题解决与数学教育》。作为公费定向师范生，我们肩负着神圣的使命和责任，我自觉地朝着全科型教师的方向发展，不畏困难和挑战，用心成为一名新时代的乡村教师。

我深知实践与学习同等重要，对课外实践活动充满了热情，甚至做起了兼职家教。师范专业知识的学习不应仅停留在教育理论思考层面，还应当通过实际教学验证所学教育知识的可行性和适用性，探索需要改进之处。在积累了一些教学经验之后，我在辅导班备受孩子们的欢迎。他们夸我性格温和，幽默风趣，甚至盼望每一天都能见到我。我被小朋友们拥护、喜爱，心海荡漾着幸福的涟漪，对未来从事乡村教师工作有了期盼。陆游在《冬夜读书示子聿》中曾说："纸上得来终觉浅，绝知此事要躬行。"教学实践对公费定向师范生的专业成长至关重要！在大二时，我加入了学院的"伴我同行"志愿服务队伍，一到周末就给社区的流动留守儿童辅导学业，同时组织一系列的心理健康团辅活动。后来，遭遇疫情，我报名参加了学校的青年云支教活动，通过网络、电话等方式帮扶贫困家庭的孩子们学习功课。通过屏幕，每当看到他们发出感谢的文字，或者可爱的表情包，我会感到非常满足。很多时候，我会为自己是一名公费定向师范生而感到骄傲，能为乡村教育振兴贡献自己的力量而感到骄傲。

三尺讲台，三寸舌，三寸笔，三千桃李。

十年树木，十载风，十载雨，十万栋梁。

如今，我对自己选择的公费定向师范专业充满了强烈的幸福感，不再抱怨父母当初所谓的"自私"游说，而是内心真挚地感激他们。教师的爱如滴滴甘露，唤醒枯萎的心灵；教师的爱如融融春光，消融冰冻的感情。教师用爱去关怀学生，自身也感受到来自学生的爱。我一如既往地努力奔跑，因为自知自己想要成为一名优秀的乡村教师，还有很长的路要走。

第四节 就业保障动机的自传叙事简析

就业保障不仅仅意味着经济上的安全，更是人们追求自我价值和生活意义的重要基石。它为人们提供了稳定的收入来源，使人们能够在生活中有更多的选择和自由。就业保障与其说保证了就业机会，不如说是提供了稳定的生活。在当今快速变化的社会环境中，就业保障和稳定生活成为人们越来越关注的问题。两者相互影响、相互促进，构成了现代人追求美好生活的基石。然而，随着科技的发展和自动化技术的普及，许多传统的工作岗位正逐渐被机器或人工智能所取代，加之全球经济的复杂化，就业市场充满了不确定性，实现稳定生活变得越发困难。在此意义上，拥有"就业保障"的公费定向师范教育政策对于追求稳定生活的学生和家庭具有巨大吸引力。或许有些学生本就有着对教师职业的追求，"就业保障"使他们更加坚定了自己的选择。或许有些学生原本并未打算选择教师职业，但"就业保障"使他们转变了自己的初衷。一言以蔽之，学生因为就业保障而选择报读公费定向师范专业，正是就业保障增强入学动机的重要表现。

　　在"我的小县城缘分与情结"的自传叙事中，"我"的读书之路可谓"磕磕绊绊"，先是就读于偏僻的小镇，接着转入繁荣的市区，最后回到普通的小县城。留在小县城读书和生活似乎成为了"我"的一种归宿。生活在快节奏的现代社会，儿童常被学习压力和生活竞争所驱使，与大城市相比，小县城的生活节奏明显慢了许多，没有过多的焦虑和压力。"我"本能地厌恶在大城市学校读书所带来的压力，选择在小县城读书长达十年。在漫长的小县城读书生涯中，小县城的生活不仅成了"我"一种独特的生活方式，更承载了"我"的生活态度和追求。没有大城市的喧嚣和繁华，小县城的生活宁静而舒适，使"我"难以忘怀其中一点一滴的美好。在高考成绩公布之前，"我"便下定决心："读完大学，回到小县城工作"。于是，在填报高考志愿时，"我"总是思考着选择哪所学校、哪个专业，方便将来回到小县城工作和生活。直到后来，"我"偶然间"知道"了公费定向师范专业。在各种权衡之下，"我"最终决定报考公费定向师范专业，其中"我认为最根本的原因是我喜欢小县城的生活"。但进一步追问，为什么"我"选择了公费定向师范专业？与其说是喜欢小县城的生活，不如说公费定向师范专业有就业保障，能够保障"我"回到心中念念难忘的小县城。如果没有就业保障的赋能，公费定向师范专业于"我"而言，可能根本不在考虑之列。就业保障促使"我"做出了这个选择，增强了报读公费定向师范专业的可能性。

　　在"我与教育的二十年"的自传叙事中，父母的高标准和严要求伴随着"我"的童年，由此造成"压力中成长的自己憧憬平静的生活"。儿时，个体通过与周围环境的互动逐渐形成了对世界的认知和价值观。父母、老师和朋友对儿童产生着深远的影响，他们通过言传身教，让儿童了解了什么是好的行为、什么是坏的行为，以及如何规划自己的人生。这些经验和教训在儿童心中留下了深刻的印象，并逐渐内化为人生观和价值观。成年后，个体不再是简单的接受者和学习者，而是成为具有独立思考和行动能力的人。在这个过程中，个体会将儿时内化的情感和体验以各种形式发泄出来。以此来看，正如"我"的自述："坦白地说，当时选择成为一名公费定向师范生，我并没有宏大的志愿和理想，只是不喜欢太忙碌的生活，只是不想从事快节奏的职业。"在众多职业中，教师或许被视为一种平凡而稳定的职业。它没有耀眼夺目的光环，没有惊心动魄的瞬间，只有日复一日的付出和坚守。然而，正是这种平凡和稳定，成为教师职业独特的魅力所在。教师们在平凡的工作中，常常能够获得学生成长、家长认可和社会尊重的喜悦。做出就业保障承诺的公费定向师范生培养政策，恰好满足了"我"的需求和选择。当然，"我"的入学动机是多方面的，而就业保障势必增强了我选择报读公费定向师范专业的动力。

在"故乡的芒草"的自传叙事中，"我"自比芒草，在颠颠撞撞中寻梦，在曲曲折折中选择。一开始，"我"认为公费定向师范专业是一个有利的选择，于是决定在提前批报读这个专业。而后警官学院的招生办电话打乱了原本的高考志愿填报计划，选择公费定向师范专业的决定暂时搁浅。许多学生在选择高考志愿时常常会陷入追求理想与接受现实的矛盾之中。他们可能梦想成为一名医生、律师或科学家，但是现实中的就业压力和薪资水平又让他们犹豫不决。面对亲人们各抒己见的情景，"我"依然不知道应该选择怎样的人生道路，时而觉得公费师范专业好，时而又觉得公费警察专业好，但始终没有勇气在提前批志愿上填报公费定向师范专业。最后，母亲的谈话才促使我做出最终的决定。母亲认为公费师范生定向就业地恰好有家乡的名额，希望"我"留在家乡工作，同时诉说了许多留在家乡工作的好处。表面上看，母亲的谈话成为"我"填报公费定向师范专业的最后动力。"我"的主要入学动机是受到多重因素下的"他人影响"。但从实质看，母亲谈话的内容才是推动"我"最终选择公费定向师范专业的关键原因，其中"留在家乡工作"的内涵指向了"就业保障"。政府通过设立专项资金，为公费定向师范生免学费、发补贴，承诺提供编制和岗位。就业保障的承诺，在大学生就业难的社会背景下显得非常具有吸引力。于是，"我还是选择了公费定向师范专业"。

当今社会，大学文凭似乎已成为找工作的必要条件。然而，读大学的目的和意义是多方面的，不仅仅是为了寻求就业。它提供了知识、技能和个人成长的机会，同时也承担着社会功能和文化传承的任务。尽管就业是大学生活的一部分，但大学教育的意义远不止于此。三人的自传叙事表明，就业保障是选择公费定向师范专业的重要因素，然而进入大学后，他们都在为教师专业的发展而奋力成长着。

第四章　经济补贴引发入学动机的自传叙事

　　家庭经济资本是指一个家庭拥有的各种资源，包括金融资产、实物资产、教育资源和社会网络等，它可以影响家庭成员的教育、职业和社会地位等方面。经济资本的积累和运用，无疑对个体的各个方面选择产生了深远影响。拥有更多经济资本的人更有可能选择接受高质量的教育、选择更好的居住环境或选择更有前景的职业。相反，如果经济资本较少，可能会受到选择的限制。对于考虑大学专业选择的学生和家庭来说，经济收入是一个不可忽视的考虑因素。事实上，学费压力不仅会影响学生的大学专业选择，还可能影响他们的学业表现和职业发展。一些优秀的学生很可能因为经济原因而放弃他们心仪的大学及专业，即高昂的学费使他们望而却步。以此来看，公费定向师范教育政策中的免学费、免住宿费、免教材费、发放生活补贴等"专属福利"，足以得到家庭经济资本处于劣势的家长和学生们的青睐。本章主要论述公费定向师范生的经济补贴对入学动机的影响，并呈现经济补贴引发入学动机的自传叙事。这些叙事既有迫于家里经济困窘而由"艺"转"教"的人生抉择，也有因为认可公费定向师范教育政策优势而舍"农"从"教"的艰难决定。两人均来自贫苦的农村家庭，在很大程度上是家庭经济状况引发了他们选择公费定向师范专业。

第一节 由"艺"转"教"的职业选择

我出生在一个平凡的农村家庭。父母是普通的生意人，为了生计而奔波忙碌。最初，我想学习艺术专业，但由于家庭的经济困境，随着时间的推移，我渐渐忘记了这个梦想。最后，成为一名公费定向师范生，与我的个人经历、家庭情况和教师影响均有着莫大的关系。拥抱乡村教育事业，成为一名乡村小学教师，是我人生中恰当而有意义的选择。

一、跌跌撞撞中的职业追求

父母经常对我说："做生意不容易，你要努力读书，将来找一份轻松、稳定的工作。"在他们语重心长的教育中，我明白想要拥有一份体面的工作，就必须努力学习，考上大学。至于从事哪种职业，我心中一直没有确定的答案。虽然在年幼时并不知道未来会从事何种职业，但在众多的职业中，我对教师这个职业颇有印象。当我在农村小学读书时，那里的教师每天似乎只需要上几节课、批改作业、组织活动，没有太多工作压力。父母忙碌的辛苦与教师工作的轻松，在我的心中形成了巨大的反差。我忽然明白，为什么人们常常把"教师"一词挂在嘴边了。

自懂事起，我常常听到母亲提起表姨父和表姨母时，谈及他们的"真快活"：当教师体面轻松，不用为生计发愁，还有大量自由支配的时间。因为每逢周末，忙于生意的母亲为了能陪我玩耍，总是需要精打细算地挤出时间；而表姨母则可以随心所欲地去休闲——教师有周末双休日。这种经历和感受，促使我在幼小的心灵中，埋下了一颗热衷从事教师职业的种子。我不希望将来跟随父母的脚步，为生计匆忙奔波、身心疲惫。在我小时候，努力读书考大学意味着不再为生计发愁。

其实，我时而想过成为教师，然而只是浅浅地幻想过一小段时间，并最终将这种想法抛在脑后。家中的大弟弟比我小四岁，患有轻度自闭症。母亲花费大量时间和精力查阅相关书籍、学习相关知识，希望能够帮助和引导大弟弟的成长。然而，母亲是一个文化程度较低的农村妇女，在学习许多新知识时特别困难，无法及时赶上大弟弟的成长速度，最终错过了大弟弟的最佳引导期。我坐在母亲身旁，帮着找资料，学着她去引导大弟弟，希望大弟弟能变得开朗自信，但是，基本上没有什么实际帮助，有时甚至给她添堵。如果我是一名教师，也许就会知道如何帮助母亲、如何引导大弟弟了。或许，我希望自己能掌握丰富的知识，以后就可以和家人一同解决困难。这段特殊而刻骨铭心的经历，纵然没有使我立下做教师的誓言，但它成了我长大后想要从事教师职业的重要推力。

　　或许是因为自己悟性较慢，对自己、他人和世界的认知相对迟钝，我很少思考自己的理想，甚至没有丝毫想法。母亲曾多次询问："孩子，你的梦想是什么？"我试图寻找，但没有答案，索性沉默不语。我不敢去想，也不愿去想，脑海中充满了混乱和困惑。科学家、医生、教师……各种职业在我的脑海中一一浮现，却无一停留。话说回来，我不得不承认，在农村长大，日常接触最多的职业便是教师。相比起设计师、工程师这些"神秘职业"，我自认为对教师比较熟悉。或许是因为它离我太近，我也像大多数孩子一样，懵懂无知，好高骛远，不断排斥着这份熟悉而又神圣的职业。小学时候的我，对教师工作的认识仅停留在清闲自在的偏颇之中。比起父母风里来雨里去的工作，用"羡慕"一词描述对教师职业的感受，再贴切不过了。殊不知，教师这个职业早已潜藏在我心中。

　　到了初中，我对"理想"一词有了更深入的认识。当时我梦想从事艺术类的职业，尤其是成为一名服装设计师，而教师并不是我最初的理想职业。然而，我意识到走艺术生的求学之路，似乎需要投入巨额成本。我深知父母没有足够的经济能力来支持我的艺术梦想。面对残酷的现实，我的艺术梦想开始逐渐沉寂，自然平淡地被时间淡化，渐渐被日常的琐碎抹去，随之消逝。或许是我的意志不够坚定，又或许是自我认知和定位不够清晰，我在追寻理想的过程中摇摆不定，始终未能找到心中的那份热爱。

　　初三的时候，我遇到了一位特别的语文老师，她成为了我个人理想的第一个转折点。与以往接触过的其他老师不同，她在课堂教学时总是喜欢联系学生的日常生活，激发学生的生活经验和学习兴趣。在她的课堂上，我总能专心致志地听讲，遨游在琅琅书声中，兴致盎然地摄取知识的养分，感受着前所未有的愉悦。我对上课的感受，褪去了枯燥和乏味的偏见，发现语文课堂和语文学习如此有趣和美妙。从那时起，这位语文老师就成了一根标杆，笔直地立在我的心中。在懵懂的年纪里，我第一次对教师职业有了显著的改观，并产生了浓厚的兴趣。每当我假想自己以后能够像她一样成为深受学生喜爱的老师时，心中就会漾起愉悦的涟漪。在三尺讲台上，她热情地教学，兢兢业业地哺育我们；在课余时间，她化身为我们的知心朋友，帮助我们赶走青春期的烦恼。即使是班级调皮捣蛋的同学，她也能用自身的魅力感染他们，建立良好的关系，成为令人崇拜的对象。凭借独特的管理理念和相处模式，她常常让我们感受到来自大人的平等和尊重，在无形中收获整个班级的喜爱。因为她的出现，我在懵懂无知的年纪开始有了新的变化，不再摇摆自己的理想。我成为一名教师的理想，由此开始萌芽。

进入高一，我遇到了另一位语文老师。她喜欢研究文学，潜移默化地影响着我，改变着我。在课堂上，她不是搬运教材，以固定方式解读小说的人物性格和思想主题，而是引导学生表达自己的观点或见解，畅所欲言。有一节课，语文老师给我们讲述了刘邦和项羽的故事，她对项羽的理解与大多数人传统意义上的观点截然不同。全班同学沉浸在她深邃的思考和独特见解中。这让我豁然开朗，走出"理解文本只有唯一路径"的困境，思维得到了开拓。她曾说："老师爱看书，既是个人的幸福，又是学生的幸福。"确实如此，同学们都非常享受她的博学风采。即便是看似平平无奇的课文，经她讲解后，我们在每个环节都能感受到深厚的文化魅力，视野变得开阔，思想变得广袤。她习惯引用诗句来表达自己的观点，在耳濡目染中，我积累了许多优美的词句。更重要的是，我发现诗词中蕴含着人间的瑰丽气息，越来越喜欢语文。

我的高一语文老师实际上是一位富有活力、勤奋钻研的"才女"，她已经成为我引以为傲的教师榜样。在她的熏陶下，我看到了一位语文教师应具备的素养和特质；在她的熏陶下，我对教师这一职业怀有空前的热爱，产生了想成为一名语文教师的理性冲动。我渴望向她学习，成为一名充满热情且富有学识的人民教师。是的，这一次，我坚定地想成为一名人民教师。

二、错综复杂下的人生抉择

到了高中，我为自己找到职业理想而手舞足蹈，然而却被命运戏弄。我胸有成竹地去参加高考，结果成绩连师范专业的门槛都够不着，面对这一现实，我毅然选择了复读。人们普遍认为煎熬、压抑、折腾的"高四"，在我看来，却是愉快的。尽管每天重复着高三时的晚睡早起，每天依旧刷不完题、背不完书，但是我遇到了一群出色的教师，依靠他们的渊博学识和温馨陪伴，"高四"的字眼在我心中一点儿都不沉重。"高四"的我反而比之前的三年更加自信，相信自己一定能够实现职业理想——成为一名教师。在此期间，我特别感谢"高四"时的数学老师，她不仅教我解题知识，还赋予我前进的动力。我看过、听过无数辞藻华丽的"鸡汤"，要么没有兴趣用心领悟，要么遇到困难了它们却发挥不出"药效"。数学老师也爱煲"鸡汤"，表达语言着实朴素，以自身为例，从小事出发，以小见大地分享人生智慧。每每听完，我整个人都充满了激情，心中憋着一股干劲。数学老师也曾高考失利，也曾复读，也有沮丧，但她最终实现了成为教师的梦想。老师能行的事，我也一定能行。数学老师有一股神奇的力量，陪我克服了一个又一个难关。正如人们常说，总有一种力量，她让我们泪流满面；总有一种力量，她让我们精神抖擞。她，就是教师的力量。未来，我要成为一名有力量的教师，并给予学生巨大的力量。

第二次高考，我的成绩有了较大的进步，如愿达到了本科师范专业的录取要求，再次填报志愿时，毫不犹豫地选择了师范专业。然而，同学们在班级群里讨论高考志愿填报时，很多人表示不想成为教师，而我并没有受到影响，始终坚定自己的选择。在我十三年的读书时光中，多位语文教师对我产生了深远的影响，因此我偏爱语文。我认为成为一名语文教师大有裨益，能咀嚼优秀的文学作品，认识志趣相投的朋友。我满怀信心地查询着往年各大高校汉语言文学专业的录取排名，却发现自己实力稍有欠缺。如果我选择这个专业，很有可能掉档。

在众多专业中挑来选去，最后，我陷入了地理师范专业和公费定向师范专业的两难选择中，无法做出最终决定。从亲戚那里了解到，目前本科地理专业的毕业生几乎不可能成为高中地理教师，大多只能担任初中地理教师。更糟糕的是，许多初中学校对地理教师的需求量不大，一般会协调非地理专业的教师兼职任教。面对学历要求高而教师需求少的现实挑战，我渐渐倾向于选择公费定向师范专业。

填报高考志愿是人生大事，必须慎重对待。那段时间里，我时而考虑选择公费定向师范专业，时而又想选择地理师范专业。直到后来，我得知一个事实：地理专业的师范生每年都需要自费外出旅行进行调研与实践，于是我果断放弃了地理师范专业。当时家中唯一的经济来源——父母苦心经营的小工厂，在几年前已经倒闭。我明白，我的家庭很难承担起我读地理师范专业的费用。梦想又要再一次向现实低头了吗？其实不然，成为一名公费定向师范生，也可以实现我从事教师职业的理想，还能免除学费、获得生活补助，减轻父母的经济负担。于是，我似乎坚定了选择公费定向师范专业的决心。

然而，未来的我是要追求繁华喧嚣的大城市还是简朴宁静的乡村生活，在这个问题上我陷入了思想的挣扎。我从小就渴望去大城市读大学，希望完成学业后留在大城市就业，即使不是一线城市，也不希望局限在乡村。如果我选择了公费定向师范专业，那么意味着将人生最美好的青春时光定格在乡村。假如在六年后，我想要走出乡村而无法实现，那岂不是得不偿失。对于年轻的我来说，我对青春充满了憧憬，从未考虑过选择乡村生活，在理想与现实的冲突中，我感到十分纠结。

在焦虑的徘徊中，我遇到了一个契机。我向一位大学教授咨询如何填报高考志愿，他非常推荐我报考公费定向师范专业。通过向他请教，我对公费定向师范专业有了更进一步的认识和思考，从而更加客观地思考成为公费定向师范生的利与弊。我之所以对公费定向师范专业有迟疑和踌躇，主要是因为我不想在意气风发的年龄扎根乡村，担心六年的乡村生活会带来的人生变化，同时不能确定它对我的家庭、婚姻、职业发展等产生怎样的影响。但是，未来的发展谁也无法预料。如今，党和政府正在致力于美丽乡村的建设，推进乡村振兴战略，乡村的面貌正在日益改善，我们在乡村生活越来越感到幸福。加之大学生就业形势日益严峻，提供就业分配的定向政策自然十分诱人。况且，这次专业填报，我有机会选择定向到我的家乡，不需要到一个完全陌生的地方任教，将来工作之余，我还能常回家看望父母。这其实是一件"美事"。

再三权衡后，我觉得到乡村从教同样是一个不错的选择。最终，我决定填报公费定向的小学教育师范专业，成为一名公费定向师范生。或许我选择的理由有些"功利化"，甚至说"玷污"了教师职业的神圣性。但是我想，每一个人无论选择哪种职业，都会或多或少地兼顾个人的生活和发展。即便我无法做到为教师事业甘愿奉献一切，也断然不会违背身为人师的基本职业规范，同时为乡村教育发展奉献一份绵薄之力。

三、大学学习中的专业成长

2019年9月，我与父母挥手告别，来到了一个美丽的滨海城市，正式开启了我的大学之旅，同时也开始思考我的理想：何为优秀的人民教师？为何要成为优秀的人民教师？怎样才能成为优秀的人民教师？当时，我并没有找到答案。在百年书香校园的熏陶中，在老师们一言一行的教诲中，我隐隐约约找到了答案，也逐渐深入了解了小学教育专业，并对未来的乡村教师身份多了一份深刻的认同感。教师工作颇有意义，我可以一边教导学生，一边不断提升自己，实现教学相长。教师要传道授业，无论在备课阶段，抑或教学阶段，都能在知识的海洋中遨游，不断为自己"充电"。对比重复的机械劳动，我更喜欢注重思考训练的教师工作。

我的专业方向是小学语文，刚进入大学时，我以为单纯地学习与语文有关的知识就足够了。然而，在入学的第一堂课上，班主任反复强调："你们选择了小学语文专业，并不意味着只教授小学语文。乡村小学不仅缺少语文教师，也缺少其他学科的教师。你们要努力成为全科教师，将来的工作不一定只是语文教学，还有可能涉及音乐、美术、科学等领域。"随着时间的推移，我逐渐认识到现在的乡村学校并不仅仅缺乏语文教师。于是，我似乎明确了自己的发展方向，在大学期间大致规划了自己的成长蓝图，即朝着全科教师的方向努力。我认真学习音乐基础、儿童绘画、手工制作等课程，尽管不能精通每一门课程，但也要有所了解，为未来的乡村教师职业生涯储备知识。我们作为老师，想给学生一杯水，首先得有一桶水。我们不仅要传授知识，促进学生智育的发展，还要促进学生的全面发展和个性发展。

一次偶然的机会，我接触到基础教育的线上直播网课，通过短短的几分钟就能快速掌握一个知识点，我发现了全科教师需要努力的新方向。我从未想过教学可以如此富有启发性，学生竟然学得这么轻松、有趣。出于对新范式教学的好奇，我积极观摩、探索其他线上教师的教学课程，开启了通往崭新教学世界的大门。线上教学具有许多优点，打破了时间和空间的限制，作为课外学习的补充，能够带来生动的学习体验，极大地提高了学习的兴趣和效率。我有时产生疑问：线上的名师课程为什么能够激发学生的学习兴趣呢？仅仅是因为学生喜欢线上学习形式吗？我想，是因为他们将教学内容变得易理解、易记忆、易接受，他们将教学内容划分为作文、阅读等板块，归纳出学习的重点和内核，对知识进行压缩和串联，大大减轻了学生的学习负担。他们还根据儿童的心智特征设计了一套有趣的教学活动，轻而易举地走进学生的内心世界。学生不仅在学习时感到快乐，学习后也会有成就感，进而更加热爱学习。通过学习名师的网课，我有所感悟，借助互联网技术上课，在不久的将来，必定成为新趋势。我将来作为一名全科教师，当下要更加重视积累网课教学的经验，全方位地提升自己的教学技术。

经过一年半的教育理论学习，我以为自己可以胜任教师职务了，但现实却狠狠地打了我个措手不及。我的小弟弟念五年级，我尝试给他辅导功课，刚准备讲解古诗，明显感到有些力不从心。那时的我，困在迷茫又无助的旋涡之中，找不到问题的根源，也不知该如何改进。现在回过头反思，在讲解的时候，我缺乏逻辑和顺序，运用的词语和语言表达显然不符合小孩子的心理特征，又谈不上生动有趣，自然不能启发小孩子。

后来遭遇突如其来的疫情，我们转为居家在线学习，其间我参加了学校组织的中小学在线教育教学志愿辅导活动。我辅导了一位二年级学生的语文，从中深刻地感受到理论学习和实践应用之间的差距。虽然我在电脑的这边，学生在电脑的那边，但只要我的讲解内容稍微缺乏形象和趣味，学生就不感兴趣了。如何将干巴巴的知识、看似乏味的知识变得生动有趣呢？我思考了很长时间，最终发现，只有将课本知识和实际生活相联系，让学生能够从课本知识过渡到、联想到日常生活，学生才更容易理解和接受。我在上课之前必须充分地做好备课工作，设想在实际教学过程中可能遇到的各种问题，并提前准备解答方案。教学是一门博大精深的艺术，我们想要做好这门艺术，就必须有持续学习和不断钻研的劲头，结合实际科学运用理论知识，同时真心地热爱教师事业，对学生和家长负责，脚踏实地地走好优秀乡村教师之路。

实践再次告诉我，教一个学生已经很困难，教一群学生难上加难，我将来的乡村教师工作注定不轻松。转眼到了大三的寒假，我在一家培训机构担任辅导教师，负责三个不同年级的班，真正地体验了一番站在三尺讲台上的感觉。书中描述的案例或名师的公开课堂只展现了学生在某个时刻的表现，省略了大量的实际过程。通过一次次在课堂上与学生的接触，我认识到要在现实中上好一堂课，需要关注许多细节，学习大量的知识，克服各种困难。我曾天真地幻想，以后当了教师，必定能比我在读书生涯中遇到的所有教师教得更好，必定会关注班级的每一个学生，使成绩优、良、中、差的学生都能感受到被关爱的温暖。然而，在面对现实中学生的"本事"后，我对自己的过高期望感到后悔。我太过天真——我以为创新一些教学方法就能使学生容易理解，就能使学生产生饱满的学习热情，就能使学生聚精会神地听课。但实际情况是，即使是成年人也很难高度专注，学生又怎么可能自觉地长时间集中注意力呢？

"纸上得来终觉浅，绝知此事要躬行。"我从书本中记忆的知识终归是浅薄的，无法领会其中的真谛，必须亲身去实践，方能摘下果实。我希望解决层出不穷的教育问题，就要学无止境，方可对症下药。我时常提醒自己：我是一名公费定向师范生，渴望成为一名乡村教师，因此必须扎实学习、勤恳实践、追求进步。在剩下的大学时光里，我将钻研专业知识，积极到实践中接受教育和增长才干，努力成为一名合格的公费定向师范生，以便更好地适应乡村教师岗位。也许，我终身都无法成为优秀的乡村教师，但我将一直铭记做优秀教师的初心。教师之路漫漫其修远兮，吾将上下而求索。

第二节　我对读书的认识

我出生在一个贫苦的家庭。我的父母文化程度低，只完成了小学学业。起初，我和外公外婆一起生活，在一所偏远的村小读书。后来，父母将我送去了大城市的学校，然后我又随他们回到老家的乡镇学校读六年级。在小学阶段，他们经常向我重复"小时用功读书，长大不用吃苦"的道理。升初中时，我考上了县城最好的学校，但第一次考试成绩比较糟糕，父亲对我进行了严厉的批评，于是我产生了偏激的想法：用功读书不过是父母炫耀的资本。高一下学期，我遇到了一位姓张的数学老师，在他的言传身教中获益匪浅，自己热爱学习数学的同时，对读书有了新的认识——读书能够实现人生价值。填报高考志愿时，我有两个想法：第一个想法是报读一所农业学校的机械自动化专业，第二个想法是报读一所师范学院的公费定向师范专业。最后我选择了后者，并非完全受父亲对农业学校的误解和反对的影响，而是自己对教师职业有一定的兴趣，同时也看好公费定向师范教育政策的各项福利。刚进入大学时，考虑到高考成绩不理想，我心中产生了自卑感，不愿意主动与他人提及自己的大学。经历了暑期"三下乡"

活动、教师节的祝福、兼职家教、教育见习等事情后，我对公费定向师范生的意义与使命有了更加清晰的认识。

一、读书是为摆脱贫苦

小学一、二年级时，我和外公外婆一起生活，在一个远离镇中心的村小学读书，每个班级不到二十人。父母去大城市打工，告诉我赚钱后就会接我去他们那里上学。外公外婆虽然不怎么管教我，但常常叮嘱我："小耀，好好读书，否则以后只能在农村务农。"那时的我并不完全理解不读书就要种田的逻辑，只是隐约知道，读好书就像孙悟空的金箍棒，有很多用处。将要升入三年级时，我告别了外公外婆家那片金灿灿的农田，坐上了长途大巴车，被父母接到了大城市上学。父亲在城东的工地上做砌砖、装修的工作，母亲在城南的电子厂做饭、打杂，他们早上七点前出门，要骑上半小时的自行车赶去上班。晚上他们回来后，会一起统计今天的开销，商量明天的菜谱，再去准备晚餐。父母经常对我说："小耀，你要认真读书，将来成为一名教师，就不用像我们一样，从事非常辛苦的工作，却只能勉强维持生计。""我才不要当老师呢！"我嘟着嘴表示反对。因为我看见老师常常待在学校，还要面对淘气的学生，觉得这份工作"土"极了。"好，不当。"他们尊重我对教师职业的"吐槽"，但常常严肃地督促我："你必须用功读书，否则将来只能吃苦。"

父母时常教育我，以行动关心我的学业。在三年级时，我遇到了一道数学难题，母亲不会做，我嚷着要上夜班的父亲从工地回来教我。母亲不愿意，我大声哭闹："没完成作业会被老师批评！"电话拨通后，父亲和蔼地说："乖孩子，别哭呀，我马上回来！"约莫一个小时后，父亲气喘吁吁地推着自行车走进家门。那一晚，父亲给我讲解了很多题目，反复问我是否理解了，直到我盖上被子，发出轻微的呼噜声，他才离开。几周后，母亲提到此事，说父亲回到工地时已是凌晨三点。我能想象，那晚几盏孤零零的路灯发出昏黄的灯光，拉出一个困倦的身影。母亲接着说："小耀，一定要读好书，父母会变老，读书是你未来最好的出路。"那时的我太过于自私，竟然没有考虑到父母的辛苦。我的父亲，不顾路途的遥远，不顾身体的疲惫，不顾请假扣工资的无奈，在我需要他的时候，愿意第一时间出现在我的身边。因为他知道，教育是穷人家孩子最好的出路，他希望能及时守护我对学习的热情。

虽然我曾经不愿意成为一名老师，但我仍然努力学习。后来，爷爷奶奶年事已高，需要有人照料，父母便回到老家务农，而我也随之回到老家，在一所乡镇学校读六年级，在小升初的考试中考进了县城最好的实验中学。每当亲朋好友提到我时，父母合不拢嘴："小耀在学业上表现出色，给我们家争了一口气，将来不用像我俩一样从事辛苦的工作。"然而渐渐地，我发现自己只是父母满足虚荣心的工具罢了。

初一上学期的期中考试，在近1400人中，我排到500多名。我考得挺糟糕的，从镇上的名列前茅，沦落为县里的平淡无奇。虽然我在班级中还算中等水平，毕竟县实验中学"卧虎藏龙"。但是父母不这么认为，他们向四位同学（他们同时和我从镇上的小学考进县实验中学）的家长打听成绩。其中，两人位居全年级前20名，另外两人排在200名左右。五人之中，我考得最差。餐桌上，父亲没吃一口饭，快抽完一支烟，扔了，继续抽下一根。"你在小学时数一数二，偶尔比他们差一些，我能理解。这刚上初中，你的第一次考试竟然和他们相差这么远！"父亲越讲越大声，唾液溅到了坐在对面的我的脸上。"你是不是经常玩手机？"父亲的声音再大了几倍，连餐桌都晃动了。"我……""没"字被卡在了我的喉咙里。父亲没等我说完，放下筷子，拍着桌面怒吼道："你多大了，还撒谎！你不玩手机，怎么会考得这么差！"我确实玩手机了，但只是在周末的时候玩。宿舍管理老师在周一至周五会巡查寝室，如果发现有同学在休息时间玩手机，便会没收，并告知班主任和家长。我不算特别懒惰，至少我能按时完成老师布置的作业。我终于忍不住哭出声，不敢说一句话，任凭父亲对我进行指责。

那时，我在心中嘲讽父母：哼！你们功利又虚伪。你们监督我学习，只是为了让我取得好成绩，这样在与他人闲聊时，能够大大方方地夸自己教导有方。一旦我的成绩稍微差一些，无疑给他们丢脸了，家里会掀起惊涛骇浪！如今回想那段日子，不得不承认，我是多么地偏激！

父母包容着我对他们的误解，一如既往地爱我。在初二上学期的家长会上，母亲当着所有家长的面，请求老师在下次调换座位时给我安排一位成绩优秀的同桌。父母一直是爱我的，否则他们又何必不顾颜面地费尽力气，请求各科老师关心我的学习呢！当然，他们不仅仅关心我的学习。每次周末回家，他们杀掉家里的老母鸡，加入中药材煲汤，说学校的伙食不够好，要给我补补。我接过生活费时，他们担心地说："要不要买些书？够花吗？再多给你点，好不？"直到我点头说不用，父亲才把我的书包挂在车把上，载着我去车站买票。父母常常数落我的成绩，那是因为他们在乎我！他们的亲身经历一次又一次地告诉他们：如果孩子不能上大学，未来将被社会"毒打"。我仍记得，那个零星点点的深夜，母亲垂头丧气地倚靠在父亲的肩膀，泪珠不停地在眼眶打转——小学学历的她没有机会竞争部门主管的职位。所以，他们深知文凭和学历对适应社会发展的重要性。看到我成绩变差，他们必然十分着急，想唤醒我。我开始用心念书，为了能考进县一中，为了可以进入一所好大学，为了将来能找到一份好工作。我时常告诉自己：读书是我最好的出路。

二、读书是为实现价值

在高一下学期，我遇到了一位姓张的数学老师，对读书的思考渐渐发生了变化。此前，我认为努力读书的主要目的是将来能找到一份好工作。

张老师的到来让我爱上了数学，并且发现了读书所能带来的知识魅力。这种"爱"远超过"喜欢"的程度。有一次，张老师在黑板上写了一道填空题，过了十分钟后，全班没有一位同学举手。"咦，是不是很难？"张老师站在讲台下说道。然后，他走回讲台，笑眯眯地看着大家，微笑着说："难，很正常！试试简单的特殊值，像 0、1 或 –1。"大家纷纷惊叹，很快就有同学说出了正确答案。他右手拿着粉笔，左手拿着课本，又巡了一遍教室，边走边说："填空题侧重考方法，运算不会太难，大家如果没有思路，不妨大胆地代入特殊值尝试，或者随便写一个，不要留空白。说不定写对了呢？"

我豁然开朗，深深地体会到数学的千变万化和诸多巧妙，深深地爱上了数学。张老师接着给我们讲解了三种严谨的解题方法，继续追问是否还有其他方法，见大家摇头，便讲解了第四种方法。我心中感慨万分：数学真是有趣啊！转眼间，他又拿起放到讲台上的粉笔，说："还有第五种方法！"过去，我只会用一两种思路来解题，不禁向张老师投去崇拜的目光。我情不自禁地赞叹道："数学奥妙无穷，条条大路通罗马。"学习数学是一场激情的思想碰撞，读书是一桩愉悦的差事，我要像张老师一样掌握一系列的解题方法，并与他人分享自己的见解。

张老师仿佛是我梦想中的摆渡人，载着我驶向诗和远方。有一天晚自习结束，我恰巧与张老师一同走在校园里。此时一轮明月嵌在深邃的天空中，群星璀璨。张老师问我："小耀，你有考虑过未来上哪所大学吗？"我立刻摇了摇头。他接着说："中山大学，你可以的！"成绩向来一般的我不由停下了脚步。他察觉到了我的惊讶，似乎一点儿也不感到意外，轻轻地拍了拍我的肩膀，说："上次月考你考进年级前50名，现在才高二，只要继续努力，你一定能行！"是的，我一定能行！我要怀揣远大的目标，就像人们常说的："梦想还是要有的，万一实现了呢？"茉莉花的香气在校园中弥漫，我将时光洒在课本上，努力寻找那个跳跃的梦——中山大学。

更为重要的是，张老师唤醒了我对读书的理解。高三几次月考的成绩相较于高二退步了一大截，我与梦想大学之间的距离越来越远。每天除了刷题，还是刷题，只为拿高分、考上好大学。难道这就是读书的意义吗？我走进张老师的办公室，向他倾诉自己的苦闷。张老师向我讲起"天眼之父"南仁东爷爷的故事：他的一生，都致力于"用知识发电"，在无线电事业上倾注了整整二十二年的心血，他主持落成的FAST是目前全球最大且最灵敏的望远镜。张老师告诉我："读书可以赋予我们知识，然后我们运用知识造福社会。每天刷题是为了积累知识，总有一天你会看到所学知识的应用价值。"听到这些话，我豁然开朗。读书，不仅仅是为了寻得一条好的出路，最重要的是要在社会中实现人生的价值。我要去读自己理想中的大学，在自己热爱的专业干出一番轰轰烈烈的成绩。

我该如何感谢您，敬爱的张老师！回眸这三年，我原想寻觅星辰点点，您却给了我整片闪烁的银河。您带我体验了数学的奇妙，点燃了梦想的火炬，探寻了读书的魅力……因为您，我想起了生命中许许多多像您一样敬业的老师；因为您，我渐渐明白了教师的工作难免枯燥、劳累，然而它在培养祖国的栋梁，是一份伟大且神圣的职业。就像歌谣里唱的"白鸽奉献给蓝天，星光奉献给长夜……"，您和广大的教师们把青春奉献给学生、奉献给我国的教育事业！在您的言传身教中，我对教师职业越发敬仰，悄然间多了几分热爱，不再有小时候的嫌弃与不屑。

三、舍弃农业选择师范

高考成绩出来了，非常不如意。我自然感到失落，捧着两本厚重的志愿填报参考书，垂头丧气地翻阅，一页又一页，叹息声在房间里久久徘徊。如今，我没有机会去读一所双一流名校，更不要提作为全国重点大学的中山大学了。

经过多次利弊权衡，我产生了两个想法：第一个想法是报读一所农业大学的机械自动化专业，第二个想法是报读一所师范学院的公费定向师范专业。机械自动化专业属于比较热门的专业，如果我的分数达不到录取线，该怎么办呢？而公费定向师范教育政策也吸引了我。这个政策包括免四年学费、住宿费、教材费，每年发放生活补贴8000元，毕业以后保证有岗有编……看到公费定向师范教育政策的各项福利，我感到心动。当然，其中也有我对教师职业感兴趣的原因。我想起了张老师，他那幽默风趣的教学，那惠风和畅的鼓励。成为像他一样爱岗敬业的教师，热情地与学生分享自己的故事和思考，这将是一件骄傲的事情。我觉得自己的性格适合从事教师工作，寒暑假期间，我非常喜欢和乡里邻居小朋友一起逛街、钓鱼、爬山等，完全没有高中生的样子。因此，公费定向师范专业成了我的第二志愿——既是兴趣所在，又能减轻家庭经济负担，将来也不用为工作发愁。

但问题是，公费定向师范专业属于提前批投档，假若我填报了这个专业，就会错过第一志愿的农业大学。经过反复对比这两所学校和专业，我最终选择了农业大学的机械自动化专业——相对于教师工作，我更喜欢计算机语言。我坚信兴趣是最好的老师，也是学好一门技能的最大动力。

当我把填报农业大学的想法告诉父亲时，他立刻气急败坏地把身边的凳子踢翻在地，怒斥道："想读个农业大学，你疯了吗？以后出来还在地里干活？"他手上的青筋格外突显，眼珠子瞪得圆圆的。我来不及纠正他对农业大学的误解，他继续骂道："现在是科技迅猛发展的时代，全国还有几户人家在耕田？你看看我们村务农的，一年能挣到多少钱？学农业有什么出息？"然后他就气呼呼地打电话给远在深圳上班的母亲。我接二连三地找资料，向父亲解释这所农业大学在省内的名气、就业率、专业前景等，他仍然强烈反对。欣慰的是，母亲并不反对我的选择，不过更加期望我去读公费定向师范专业。她说，当老师就好比拥有了铁饭碗，工资可能像微不足道的细水，但能源源不断地长流。那几天，父亲连续喝下几瓶白酒，出门前抛下一句："你要读农业大学，以后境遇不好，不要怪我们。"

现在的我似乎明白了父亲为什么强烈反对我去读农业大学。父亲在家照顾爷爷奶奶近十年，种了十几亩的田地，收集动物粪便做肥料。他去离家六十余公里的村子买小牛，为了省运输费，一脚一脚地将它们赶回，花了近十个小时。父亲每天起早贪黑，毫不抱怨，坚持劳作，最后的收入却只能勉强维持家庭支出，深切体会到了农村务农的艰辛。农产品的销售需要较长的时间周期，而且单位价值往往较低，而家庭消费涵盖了衣、食、住、行等方面，入不敷出啊！在与父亲争论了几天之后，我最终决定报读师范学院的公费定向师范专业，将来回家从事教育工作。父亲点了点头说："虽然学校名气可能小了点，但是政策福利好，毕业后就有工作，可以在寒暑假休息，不需太过努力，而且离家比较近。"他顿了顿，补充道："如果你坚持选择农业学校，我也不会阻止。你已经长这么大了，不要因为我的压力而失去自己独立的想法。"

说实话，我转而选择公费定向师范专业，并不完全是因为父亲反对的压力，而是自己在很大程度上认同这个选择——教师是我的兴趣之一，我可以省下一大笔学费，就业无压力，将来过着相对稳定的日子，避免了大城市的快节奏生活。收到录取通知信息的那天，悬在半空的心总算着陆了。回想起父亲听到"农业大学"时的面孔，想到离别自己最感兴趣的计算机专业，或多或少地，我有些伤感。但我总体上比较开心，主动去看了有关教育题材的电影，买了普通话软件的会员指导自己练习。

四、大学：我挺重要的

我进入大学，仿若飞离笼中的鸟儿，迫不及待地翱翔在一望无际的天空中；又若胆怯的小兔，遮遮掩掩，似乎在害怕什么。因为我是一名普通院校的大学生，因为高考成绩不理想，所以来到这里。这样的想法常常打击着我。

2019年9月10日，这一天无疑是我永远难忘的日子。它离高考已经过去了459天，离我第一次踏入大学校园已有368天。夜幕下的校园，飘来微风酝酿的酒香，沁人心脾，欢乐正浓。我们给班主任和各科老师送上祝福，顺便畅想了自己以后的今天。"嘟——嘟——嘟——"，微信振动的声音传来。联系人是蓝小三年级的一位学生。我半年多没去过那所小学了，也不怎么和他联系，突然来讯该不会遇到了糟糕的情况吧？我担心地点开聊天框，立即激动地大喊："开心！"首先映入眼帘的是一行简短的字："小耀老师，祝你教师节快乐！"照片里有一幅画，画的是我拿着教鞭讲课的场景，旁边还配了一句我的口头禅："谁再破坏课堂纪律，请去校长办公室喝茶！"几滴眼泪偷偷地跑出来嬉戏，落在屏幕上，在明亮的宿舍里闪闪发光。还有其他学生发来的祝福呢！我只不过是去上了几天的课，时隔那么久，竟然还有这么多学生记得我们一起经历的点点滴滴。可见，我在他们的心中，挺重要的。

我真的挺重要的。一个月前，我参加了暑期的"三下乡"社会实践活动，一次吃完晚饭后，我和六年级的学生们一起在操场上散步，分享起我的大学生活。我饶有趣味地问他们："你们有想过去哪所大学读书吗？"他们纷纷摇头，说不知道有哪些大学。我继续问："那高中呢，比如市里的第一中学。"我被一个微胖的孩子的回答吓到了。他率先开口说："我们读完初中可能就去打工了。"我不知所措。国家早已实施了九年义务教育，明年是决胜全面建成小康社会的关键之年，他们怎么会有这样的想法呢？那个学生看到我惊愕的表情，低下了头，黄昏的光线将他的影子缩得短短的，抢走了刚刚欢乐的模样。我问："为什么会这样呢？"空气变得安静，学生们沉默了。许久，他开口了，声音很小，抽噎地说道："在我们村，很多人读完初中就去打工了。"

"我们村也是。"

"我父亲告诉我，如果我考不上好的高中，就直接去打工，不要浪费钱。"

他们的话如同从高空急速坠落的石头，跌进我的心里，翻起惊涛骇浪，久久不能平息。尽管他们的成绩不错，却对未来缺乏信心和期盼。乌鸦反哺，羊羔跪乳，我仿佛明白了公费定向师范生的意义与使命。我们一路接受教育，是时候轮到我们将所学的知识传承给下一代孩子们了。未来我是一名乡村教师，有责任为乡村教育的振兴贡献一份绵薄之力，为乡村孩子创造自信和幸福的教育获得感。"百年大计，教育为本。教育大计，教师为本。"我是乡村教师队伍的一分子，和千千万万的乡村教师助力孩子们追梦、成长，真的很重要。

过去发朋友圈，我尽可能地隐藏大学的信息。亲戚问我在哪所大学读书，我通常会先说地名，不提校名，他们细问我才说。当他们问我未来从事哪个行业时，我说当老师。他们都赞同教师是一份非常好的工作，我只是微笑，不想继续深入这个话题。一个省份就能抓出一大把的好大学，而一所地方师范学院，可谓无名之辈。大一的我经常这样想：虽然我主动选择了公费定向师范专业，虽然教师是我感兴趣的一份职业，但是高考分数比高中同学相差甚远，我有何值得骄傲的地方呢？

　　然而，大二的时候，我不再持有这种想法。大学的老师敬业负责，在疫情这段特殊的日子里，他们备课至深夜，白天变身"主播"准时授课，同时关心同学们是否具备上网课的条件。身旁的同学彰显才华与担当，一副副青春面孔义无反顾地奔向雪域高原书写支教魅力。闻道有先后，术业有专攻，我的大学虽然没有双一流高校的实力和名气，但坚守师范底色，不曾亏待每一位为梦想拼搏的学子，兢兢业业地肩负起兴学育人的办学使命，为地方基础教育振兴做出了应有的贡献。我又有什么理由，不为她的事业和精神而骄傲呢？大二时回家玩，遇到相似的问题，我会开心地告诉他们："在师范学院念书，毕业后回家乡当乡村小学教师。"大一、大二的主题班会上，班主任每次都强调"公费定向师范生""乡村教师""乡村教育"等词汇。我似乎明白了班主任为何频繁提及这些，因为我们确实非常重要！现在想想，曾经的我是怎样的傻气，庆幸在大二时清醒。我的高考成绩不理想，考不上名校，没关系，三百六十行，行行出状元，作为一名公费定向师范生，将来成为一名乡村小学教师，我同样能够实现自己的人生价值。

　　如今已经是大三了，学校组织我们去小学见习，有一位教二年级数学的何老师向我们强调："如果一个教师不会上课，影响的是三代人。"我们对此感到惊讶，认为何老师讲得有些夸张。她严肃地说："如果孩子对你的课不感兴趣，将在剥夺他们的时间和生命；如果不擅长表扬孩子，将会打碎他们的梦想；如果不及时纠正孩子的不良习惯，将是故意唆使他人犯罪。"听到这番话，我们幡然醒悟：要给学生一杯水，教师就得有一桶水，而且得源源不断地灌溉。一名教师如果没有严格的自我要求和高昂的学习热情，对学生的教育将是苍白无力的。难道不是这样吗？教学的学问多着呢，作为一名公费定向师范生，我意识到身上的担子更重了。

　　回顾十几年的受教育经历，我感悟颇多。从小学到初中的九年时间里，我并不快乐，常常承受学业带来的压力，孤独、哭泣、委屈是常有的感受，而且容易陷入偏激。但我依然感激父母施加的教育压力，是他们的期盼、关心和严格，才让我一直走在读书的正轨上，才让我不再面对他们那般艰苦的生活。我非常感激生命中遇到的每一位教师，尤其是高中教数学的张老师，他让我明白读书不仅仅是为了获得一份好工作，更重要的是，通过读书获取知识、造福社会，从而实现人生的价值。我小心翼翼地将这些记忆珍藏起来，背起公费定向师范生的行囊，激动地坐在驶向乡村教育的列车上，透过车窗，愉悦地欣赏着婀娜多姿的乡村风光。

第三节　经济补贴动机的自传叙事简析

高等教育是非公共产品，具有竞争性、排他性和差异性等特点。作为非公共产品属性的大学，进入其中并非易事，既需要智力的支撑，又需要财力的支持。对于后者，上大学意味着个人和家庭必须承担一定的教育费用，包括学费、住宿费、教材费、生活费等。近年来全球物价上涨已成事实。① 物价上涨表现为商品和服务的价格水平上升，直接影响消费者的购买力和生活水平。随着物价普遍上涨，大学教育教学成本随之上升，包括教材、教学设备、师资薪酬等。相应地，大学生的学费、住宿费、教材费、生活费等也逐渐上涨。个体就读大学的教育费用上涨，对许多家庭来说，无疑是一个巨大的负担。一些家庭为支付子女的大学费用，不得不承受巨

---

① 为何全球物价出现上涨？其一，供需关系失衡。物价上涨最根本的原因是供需关系失衡。在全球经济一体化的背景下，各国之间的贸易往来日益频繁。当某些商品或资源的供应量减少，而需求量却不断增加时，价格就会上涨。例如，近年来全球气候变化导致农产品减产，而人口增长和饮食结构变化使得对农产品的需求不断增加，从而导致了农产品价格的上涨。另外，随着生活水平的提高，人们对商品和服务的消费需求不断增加，继而造成商品和服务的价格水平上升。其二，货币供应量增加。在全球范围内，各国央行为了刺激经济增长，实行了宽松的货币政策，增加了货币供应量。这使得货币贬值，物价上涨。特别是在金融危机之后，各国央行为了刺激经济复苏，大量投放货币，加剧了物价上涨的压力。其三，能源价格上涨。能源价格上涨也是推动全球物价上涨的重要因素之一。随着全球经济的发展，对能源的需求不断增加。然而，由于能源资源的有限性，供应量无法满足需求量的增长。这导致了能源价格的上涨，进而推高了生产成本和生活成本。

大的经济压力。因此，能够免费上大学且享受生活补贴，无疑具有十足的吸引力。公费定向师范生教育政策旨在通过减免学费、住宿费、教材费和补助生活费等经济补贴方式，鼓励更多优秀的高中毕业生报考师范高校，毕业后回到家乡任教，为推动教育均衡发展、促进教育公平做出贡献。"多免一补"经济补贴政策的实施，可以减轻个人和家庭的经济负担，引发学生选择公费定向师范专业的可能。

在"由'艺'转'教'的职业选择"的自传叙事中，出生在普通农村家庭的"我"，从小体会着父母终日为生计奔波的忙碌和不易，因此立志考上大学，不再走父母的老路。在初中时，"我"梦想的职业倾向于艺术类，将来成为一名服装设计师。但是正如自传所述："走艺术生的求学之路，似乎需要投入巨额成本。我深知父母没有足够的经济能力来支持我的艺术梦想。"在贫穷的环境中，个体和家庭往往面临生存问题。他们可能无法承担高昂的教育费用，也无法承担起生活中的各种开支。尽管贫穷并不意味着放弃理想，但贫穷的环境往往迫使个人将注意力从追求理想转移到解决实际问题上。面对家庭经济困窘的现实情况，"我"的艺术梦想陷入沉寂，教师梦想逐渐觉醒。在填报高考志愿时，"我"在"地理师范专业"和"公费定向师范专业"之间犹豫不决，无法确定如何抉择。直到后来，"我"了解到一个重要信息：地理专业的师范生每年需要自费外出旅行调研与实践，于是果断放弃了地理师范专业，选择成为一名公费定向师范生。诚然，报考公费定向师范专业可以实现从事教师职业的理想，更重要的是免除学费、住宿费、获得生活补助，减轻了父母的经济负担。正是有了"多免一补"的政策优势，才引发"我"做出报考公费定向师范专业的决定。

在"我对读书的认识"的自传叙事中，"我"出生在一个贫苦的家庭，父母辛苦打工赚钱养家的经历告诫自己，必须用功读书，否则将来只能吃苦，此时"我"认为读书是为摆脱贫苦。随着年龄的增长，到了高中阶段，在张老师的引导下，"我"对读书的思考逐渐发生了变化，开始认识到读书是为了实现自身价值。在填报高考志愿时，经过多次利弊权衡，"我"产生了两个想法：第一个想法是报读一所农业大学的机械自动化专业，第二个想法是报读一所师范学院的公费定向师范专业。之所以有意报考公费定向师范专业，主要原因在于"免四年学费、住宿费、教材费，每年发放生活补贴8000元，毕业以后保证有岗有编"。"我"看到公费定向师范教育政策的各项福利，认为能省下一大笔学费，减轻家庭经济负担，并且不用为工作发愁，显得"有所心动"。不得不承认，许多贫困家庭的大学生面临学费、住宿费、生活费等经济压力，因此在选择专业时，往往受到经济条件的限制。一些需要大量教育投入的专业，如医学、法律、金融等，对于经济条件较差的学生来说，往往是一个巨大的负担。在父亲的误解和反对下，"我"最终舍弃"农业"专业选择"师范"专业。其中，"我"自述了父亲饱尝农村务农困窘、收入勉强度日的故事，表达了家庭经济窘况的艰辛和无奈。或许正是公费定向师范教育政策的经济补贴优势，引发了"我"报考公费定向师范专业的想法和决定。无论是父亲的反对还是自己的选择，其背后原因和内在动机的指向，缺少不了"经济补贴"的诱惑和魅力。

进一步追问，由经济补贴引发公费定向师范生的入学动机，影响其学习投入、学业成就和专业承诺吗？不可否认，从两人的自传叙事中发现，选择报考公费定向师范专业的想法和决定并非单一因素所决定，而是多重因素共同作用的结果。在理论分析时，凸显经济补贴动机的意义，并非否定其他动机的作用，只是从讨论中呈现经济补贴引发公费定向师范生入学动机的基本面貌。

第五章　他人影响助力入学动机的
自传叙事

  人存在于世界之中，不是作为人海中的孤岛而存在。马克思认为，"人是最名副其实的社会动物"①。"社会动物"显明了人的存在深深根植于社会关系。"人就其本质而言是一种关系性的存在"②，存在于家人、恋人、朋友、同事、伙伴等多种关系之中。关系哲学同样宣称："所有可理解的行动都是在持续不断的关系过程中产生、维持和/或消亡的。我们生活在一个相互构成的世界，我们已然由关系中产生，不可能摆脱关系。即便在最私有的时刻，我们也并非独自一人。"③ 在此意义上，作为高考志愿填报的个体，选择大学和专业并非纯粹的个人行为，必然受到家人、朋友、伙伴等多种关系的影响。个人的选择与他人的影响相融合，共同构成了高考志愿填报的决策行为。本章主要论述公费定向师范生的他人影响入学动机，呈现他人影响助力入学动机的自传叙事，既有两位受到教师影响而最终决定"做学生贵人""扎根乡村教育"的寻梦人，又有一位受到父母、

---

① 马克思，恩格斯. 马克思恩格斯全集：第12卷［M］. 北京：人民出版社，1962：734.

② 鲁洁. 关系中的人：当代道德教育的一种人学探寻［J］. 教育研究，2002（1）：3-9.

③ ［美］肯尼思·J. 格根. 关系性存在：超越自我与共同体［M］. 杨莉萍，译. 上海：上海教育出版社，2017：3.

亲人、朋友影响而最终报读公费定向师范专业的抉择者。三人的自传叙事，同样表现出多重入学动机的共同作用，不过他人影响甚为关键。

第一节　从教之种奔向参天

第一次上学时，我被一位老师牵着上楼、下楼，感觉特别温暖，在心田里悄悄地撒下一颗当老师的种子。我非常喜欢我成长中遇到的每一位老师：请学生当"小先生"的英语老师、初中三年带我的班主任、挽救我思想危机的 M 老师、我们称为"大佬"的物理老师……他们的行为和品格不断坚定着我做教师的理想。在填报高考志愿时，我了解到公费定向师范生教育政策，站在去城市当老师与回乡村当老师的十字路口，最终"屈服"于心中对家乡的本能好感，成为一名公费定向师范生。我的教师理想从种子长成了参天大树，受益于一位位优秀老师的言传身教。我不会忘记自己"做学生贵人"的初心，继续向上生长，努力成为能结出丰硕果实的参天大树。

一、从教的种子期

《道德经》第四十二章有言："道生一，一生二，二生三，三生万物。"这句话告诉人们，世间万物皆有起源。同样地，一个人的职业理想亦有其起源。我的职业理想是成为一名教师，它像一颗播种在土地上的种子，生根、发芽、长叶，初现小树模样，经历青春期的摇摆与坚定，再慢慢成长为稳重的大树，最终成为能够屹立风雨而坚定不倒的参天大树。先说一说职业理想的种子期。

第一次去上学时，我遇见了一位像仙女一样的老师，她立刻成为我的"偶像"。课室在高楼层，矮矮的我面对高高的楼梯，惊慌不已，迟迟不敢迈出第一步。这时一位老师走过来，用温暖的大手牵起了我的小手，引导着我一步步地走上楼梯。尽管解决了上楼梯的问题，但下楼梯却成了另一个难题。我害怕自己一个不小心从楼梯上滚下去，伸出去的脚又收了回来。就在我犹犹豫豫的时候，那位老师再次出现，牵起我的小手一起下楼。当我们走到一楼时，迎着午后的阳光，我抬起头，看到阳光洒在她身上。她仿佛被一层淡淡的光芒环绕，哇，她就像是仙女！那一刻，我渴望自己能成为像她一样漂亮又善良的仙女姐姐。

随着年级的增加，我又一次遇见了仙女姐姐，并有幸成为她的学生。说到这位仙女姐姐，大家可能会以为她是一位年轻的教师。恰恰相反，仙女姐姐是陪伴了一群又一群捣蛋的孩子们成长的"老教师"。我记得在数学课上，我觉得数学抽象难懂，不愿学习，直到仙女姐姐出现在我的课堂里。因为原来的数学老师调走了，仙女姐姐暂时代上我们的数学课。试卷上有这样一道题："一个人拿着一根 2.5 米长的竹竿通过 2 米的门，要怎么样才能将竹竿带过门呢？"仙女姐姐引导我们分析题意，找来一根竹竿站在班级门口，一边尝试一边询问我们是否可行。她首先把竹竿横着拿好，这是显然行不通的方法，我们摇头。接着她将竹竿竖直，我们也摇头。然后她沿着门的对角线放置竹竿，我们一看，还是不行。我们都认为没有办法了，只见仙女姐姐却将竹竿翻了个身，将竹竿的顶部对着门口，竹竿就轻而易举地进来了。在全班同学惊讶的目光中，仙女姐姐总结道："学习数学就好比拿竹竿进门，方法多种多样，只要我们善于发现，敢于尝试，做数学题就变得简单了。"她不仅传授课本的知识，更重要的是激发了我们的学习兴趣，让我们体验探寻不同的方法解决问题的乐趣。仙女姐姐用自己的言行阐述了教师的意义，在我心中的分量更重了。经过仙女姐姐的这一课，我开始喜欢数学，数学成绩渐渐提高。

一位喜欢请学生当"小先生"的英语老师，同样给我留下了深刻的印象。他让我喜欢上了扮演"小先生"的角色，也对教师工作有了基本的了解。所谓"小先生"，是指英语老师根据同学们的英语水平，安排英语水平较高的学生去辅导英语水平较低的学生，从而实现互相学习、共同进步。之后，我名正言顺地拥有了一位属于自己的"小学生"，在解答疑问的同时，承担监督"小学生"背书、写作业、交作业等学习任务。我忙碌于"小先生"

的工作，难免会感到疲惫甚至委屈，但也有许多开心的时刻。那时，英语对我们来说是非常陌生的语言。在学习发音方面，我们遇到了很大的困难。于是，一些同学运用拼音加汉字的方式来"记录"单词的发音。我看着"小学生"模糊不清的暗号，不禁哈哈大笑。走过"小先生"五味杂陈的心路历程，我能将心比心地想象老师的辛苦。当然，整体上我是幸福快乐的，发现自己很喜欢"小先生"这个角色。

我能够在快乐中学习，在学习中感受快乐，其中当然离不开对子女教育格外上心的父母。每当我在家写作业时，父母就会关上电视。即使他们有事要商量，也一定会远离我的房间，尽可能为我营造一个安静的学习环境。记得刚入学时，我只会说方言，不会说普通话，他们便约好在家只讲普通话。得益于这个友爱和睦的家庭氛围，我越来越信任父母。每当遇到困惑或麻烦，我都会告诉他们，并从中听取建议。父母成了我的精神支柱，包括填报大学专业，也是我和他们一致协商的结果。

二、从教的树苗期

我心中有一点点喜欢教师的这颗种子正在冒出泥土，想一窥世界的多姿多彩。

我的初中三年是由同一位班主任带班。她是一位让大家又爱又恨的数学老师。说爱她，是因为她天生具有北方人的直爽性格，同学们都很喜欢与她交流。说恨她，是因为她常年保持严肃的表情，同学们在课堂上"唯唯诺诺"。她从北方来到我的家乡已经近十年。从入职起，她就喜欢全程站着上课，如今肩膀和手臂已微微变形，有时连写字都有些吃力。然而，我从未在她的脸上看到过沮丧和痛苦，也从未从她的声音中听到叹气和抱怨。她喜欢抿起嘴角，露出两个浅浅的酒窝，将眼睛"擦"得亮亮的。这便是她的微笑，像夜空中的星星一样，治愈了班里的每一位同学。原来，教师就是不管面对哪种挫折，都要以最好的状态面对学生，用自己满脸的笑容和豁达乐观的态度感染学生，营造良好的学习氛围。

三尺讲台，四季陪伴，班主任更是我们的知心大姐姐。从交通出行到饱食暖衣，从同学相处到亲子交流，她不讲课的时候，是一位温柔的大姐姐，与同学们无所不聊，无所不帮。体育中考要考"跑步"，为了提高我们的水平，她要求整个班放学后去田径场跑三圈，总长度比男生一千米的测试项目还要多出二百米。她说，训练时跑多一点，到了考试时才能充分地发挥实力。我以为会有同学站出来反对，意外的是，大家都非常配合，可能是因为有上了年纪的她每天都坚持陪跑的缘故。在灰尘飞扬的操场上，夕阳将她的影子越拉越长，她瘦小而坚挺的背影深深地烙在我的脑海。

她教学讲究劳逸结合，联合其他班级组织了丰富多彩的体育活动，如跳绳、拔河、羽毛球比赛等，同学们玩得非常开心。这位知心大姐姐对我们的意义不言而喻，她不仅是除父母外我的第二个精神支柱，也是整个班级的精神支柱。只要见到她，焦躁的我们就会平静下来，因为有她在身边，我们相信自己可以战胜一切困难。虽然只是三年的时间，但我怎么可能忘记她豁达乐观的微笑呢？怎么可能忘记她那温馨无私的爱呢？她经常告诉我们，世界那么大，你们要多去看看外面的风景。我想告诉她：知心大姐姐，您就是最美丽的风景。我初中三载遇到您，足矣！

老师，不仅是学生的老师，也兼具朋友和长辈的角色。建立和谐的师生关系说起来容易，但实际操作起来很困难。与班主任相处的三年虽然短暂，但值得我用一生追忆。这三年，班主任无数次给予我温暖；这三年，在许多个夜晚，我心中都想成为班主任的追随者。种子或许消失不见了，但叶子却变得茂盛，我的教师理想已经长成了一棵小树。

三、理想成为小树

小树经历阳光、空气、岁月的滋润和洗礼，很快迎来了"青春期"，其高度和宽度正在日渐增长。

这位高中化学老师，暂且称呼为 M 老师吧！如果没有遇见他，我不敢想象我的人生会是怎样的。在高一时，我陷入了一种恶性循环的低迷状态，一方面是因为中考失利，另一方面是因为高中学习内容的增多、加深和变难，我不愿主动向同学们请教。我常常一个人独自躲在宿舍里郁郁寡欢，甚至产生退学的念头。然而，M老师拯救了我，他仿佛一束光，驱散了我内心的黑暗和悲伤。在一个清晨的早读课上，我像往常一样坐在教室后排无所事事地涂鸦，M老师叫我出去一下。我忐忑不安，迅速回忆自己最近是不是犯错了。"最近有什么烦心事吗，能不能和我说说？"在办公室里，他耐心地倾听着我的烦恼，并建议我去当一名语文课代表。他的建议像一块石子，在我的心潭荡起希望的涟漪。于是，我决定试一试语文课代表的工作。一开始，我犯了许多小错误，例如记错早读的日子，又或者收错同学们的作业，但在老师和同学们的包容和鼓励下，越来越得心应手。我与同学们更加熟络，变得更加开朗，每当遇到学习上的难题，我都会积极地向他们请教。这样一来二去，我成为班里最活跃的学生，不知不觉中提高了学习成绩，收获了许多知心好友，无论是开心还是不开心，我都会主动与他们分享。如果没有遇见M老师，我很难想象我的人生轨迹会是什么样子。正如韩愈在《师说》一文中所言："师者，所以传道、授业、解惑也。"M老师是一位出色的教师，他观察到我的变化，并针对我的个性进行因材施教。有时候，一位老师的建议可能只是举手之劳，却足以改变学生的一生。这就是教师的责任和担当。从此，我对未来有了明确的期盼和规划——成为一名教师，成为学生的指路明灯。

后来，高中文理科分班，我进入了一个新的班级，遇到了"大佬"——物理老师兼班主任。他非常平易近人，因此得到了班级同学冥思苦想出来的爱称。据说每届学生都会给他取一个爱称，但每一届都不一样。每一个称呼，都承载着一段美好的回忆，代表一群学生的青春。"大佬"经常给我们喝各式各样的人生鸡汤，我记忆最深刻的一句话是——"做学生的贵人"。他与我们共同制订了班级的学习计划，例如，晚修前十五分钟让同学们上台讲题，晚修后多学习半小时等。"大佬"是一位信守承诺的老师，约定好的事情从不食言。到了约定时间他总是准时出现，与我们一起度过了许许多多的时光。他说，老师的鼓励只说不做是没有用的，只有共同前行才能真正感同身受，才能提供有效的帮助。时至今日，"大佬"确实成了我们的贵人。"做学生的贵人！"我对"大佬"的观点深感赞同，萌生了当老师就要努力成为学生贵人的念头。师生相遇是一场缘分，共同走过一段旅程后就分开了，一名老师无论如何都应努力成为学生的贵人。虽然"做学生的贵人"是一个难以实现的目标，但它为从教者指明了前行的方向，他们会为这个目标而更加努力，会为越来越接近目标而快乐。

成为教师的理想，已是一棵有自己思考的小树了。然而，展望未来，我却没有明确的计划，只是每天上课、写作业、休息，日复一日。不知不觉中，就到了"大佬"带领我们去大学城游玩的时间。华南农业大学的樱花、华南师范大学的酸奶、暨南大学的校门……从大学城回来，我认真地思考自己的未来，发现自己对成为一名教师的渴望已经根深蒂固。我沉浸在老师们的人格魅力中，享受每一次与他们的相处。于是，我怀着教师理想奔向未来了！

曾经，我无数次设想自己在大城市担任教师的场景。然而，在填报高考志愿时，父亲给我转发的一篇文章让我陷入了沉思。那是我第一次听闻公费定向师范专业。公费定向师范专业以免学费、免住宿费、发放生活补助的形式资助学生读完大学四年，而学生毕业以后需要回定向地当六年中小学教师。我犹豫了，毕竟是定向。年轻人嘛，都想去闯一闯，去看一看，希望自己能干一番大事业。虽然都是当老师，但是自己选择和被选择却是不一样的心情。我不想被定义。我和父亲反复讨论其中的利弊，想到最多的是弊端，诸如毕业后不能直接考研、将来要去乡村学校任教等。讨论一时没有结果，直到回校团聚再次见到了"大佬"。他浅浅地提到公费定向师范专业，建议如想帮助家乡建设的同学可以考虑这个专业。

"大佬"只是简短地带过，但我知道我是"在劫难逃"了。是的，选择公费定向师范专业意味着我可以在学成归来后更好地建设家乡。对于家乡，我有一种奇妙的感觉，她是我内心深处的一方净土，是我的精神归宿。尊敬的师长、热心的伙伴、温暖的家庭……家乡给我留下太多美好的记忆，我可以参与建设家乡是一件多么开心、多么有意义的事情啊！公费定向师范专业不仅能实现我的教师理想，还能减轻家庭负担，让我为家乡的建设贡献一份力量，这是一个两全其美的选择。尽管我或多或少地渴望大城市的生活，但我更加"沉迷"于家乡的美好。回到家后，我再次与父亲进行讨论，想到更多的便是公费师范定向专业的益处了。选择公费定向师范专业，能够减免学费、获得补助，避免了普通师范生的求职之苦，同时享受教师职业的寒暑假时光。细细梳理之后，我和父亲不禁发出"真好"的感慨。就这样，我下定决心将公费定向师范专业作为第一志愿，那一刻，我满脸洋溢着幸福的笑容。

每位教师本身也是普通的人，会精疲力竭，会垂头丧气，但因为遇见了学生，他们变得不平凡，脸上洋溢着让人心情愉悦的笑容，眸中流露出对孩子殷切的希冀，好像无所不能。从我初入学校到离开高中的校门，我遇到的每一位老师都有自己的个性和教育特点，但有一个共性，那就是他们的经历和言行不断影响着我。他们用自己的心血灌溉了无数的学生，赋予学生选择的权利，让学生有权利选择走什么样的路，成为什么样的人。显然，我对教师的认识还不够专业，但我要以"大佬"为榜样，在乡村教育事业中努力成为学生的"贵人"。这个深刻的声音伴随着我度过迷惘的岁月。或许我一生都无法完全做到，但尽力后的不遗憾，也是一件很美好的事情。教师，是一个平凡而伟大的词！

四、种子向往参天

人们常说十八岁即成年了，而我，真正的成年是在大学时光。教小学，不就是和小孩子说说加减乘除、拼音汉字吗？当我走进一所典雅的百年师范学府，我方知自己的愚昧和自大。训练基本技能、积累专业知识、学习专业思想……做一名乡村小学教师，并非我想象的那样轻而易举。青年作家七堇年在《尘曲》中写了一句话："凡心所向，素履以往；生如逆旅，一苇以航。"理想很美好，现实很骨感。我们总得坚强地经历一些跌跌撞撞，方能抵达终点。

　　我曾欣喜过，也曾惶恐过。欣喜的是我读到了心仪的专业，结交了许多新同学。惶恐的是我无法迅速适应全新的大学生活。一位已经工作的学长曾说："做人呀，最重要的是开心。"他因为喜欢音乐，所以在大学期间经常捣鼓乐器，度过了舒心的四年，现在回想起来仍然感到高兴。

　　我感到开心，开始有目的性地探索如何度过大学时光。经过专业课程的熏陶，我意识到基本功是成为一名出色教师的必要前提。教师的基本功包括普通话、硬笔字、毛笔字、粉笔字等。虽然我从小就讲普通话，但是历经十余年时间的考验，依然"不堪入耳"。教语言课的老师建议我们每天多和同学交流，边说边听，互相纠正发音问题。通过日复一日的练习，我练就了一口颇为标准的普通话，说话越来越自信，从中感受到语言的魅力。至于"三笔字"，我常常聆听老师讲解字的起源，对练字产生了浓厚的兴趣。我始终没有忘记"做学生的贵人"这一理念，努力地进行教师基本功的训练，快乐且充实。

　　教师基本功的修炼是必要的，但专业知识和专业技能同样重要。作为一名学生，学习是最重要的任务。我喜欢学院为我们开设的专业课程。这些专业课程充分考虑到师范生人才培养的实际情况，按照由浅入深、层层递进的方式设计，其中大部分和教育学相关，具有极强的理论性和针对性。此外，学院还安排了大学数学课程，这为我将来成为小学数学教师提供了更广阔的视野。"上高数低头捡支笔，一抬头，从此就没有听懂过了。"这句流传网络的话语虽然有些夸张，但确实道出了学习大学数学的困难之处。对此，我们经常在宿舍里讨论大学数学难题，其中不乏思维碰撞的乐趣。必须坦率地说，我在专业知识的学习过程中体验到了别样的快乐。

　　仅有专业技能和专业知识是不够的，在教师职业生涯中，努力成为学生的"贵人"，还需要具备深度的专业思想。随着专业课程的学习，我接触到了许多优秀的大学老师，其中一位教我们教育史。他初次走进我们的课堂时说自己比较严厉，实则不然。通过与他的相处，我发现他敬业负责，看似严厉的面孔之下是一颗对大家充满担忧和期盼的心。他是一位思想深邃的教育研究者，经常在课前组织同学上台分享读书心得，并就大家的表现——点评。记得有一次课上，他直言不讳地指出作为公费师范生普遍安于现状、不思进取的状态，希望我们能善于思考、勤奋学习。事实的确如此，与学院内的其他同学相比，我们几乎没有读过什么书，何来思考的能力呢？在老师直截了当的教导中，我们幡然醒悟，清晰地意识到专业思想对一位小学教师的重要性。小学课堂并不简单，它蕴含着许多教育观念和方法。只有掌握相应的专业思想，才能更好地理解和教育学生，从而带领学生们在知识的海洋遨游。

从咿呀学语到意气风发，伴随生命中一位位老师的关爱和感染，我的教师理想也从种子长到大树。教师之所以有魅力，或许就是因为德才兼备。"学为人师，行为世范。"这句话的意思是老师不单纯是教学生知识，还是社会的典范，要以良好的榜样示范照亮学生前行的路。国学大师启功教授的深思感悟后来成了北京师范大学的校训。树长大了，同样会经历狂风暴雨。从公费定向师范生走向乡村小学教师的道路必然充满坎坷。我将一直心怀从小就萌生的教师理想，不断努力突破，提升自己。我希望像小树一样成长为参天大树，为孩子们遮风挡雨，结出更多的果实！

第二节　读书之路的抗争与成长

我是一名女孩，出生在一个贫困的农村家庭。整个童年时期，我的家里一直在温饱线上挣扎。在农村长大的孩子，听过较多、比较熟悉的一句话，便是"读书改变命运"。然而，我的村庄受到了"女孩子读书没用"的观念的深刻影响，大多数女孩初中没读完或是读完初中后就出去打工赚钱养家，真正能够上大学的更是凤毛麟角。于是，村里的女孩仿佛很早就被设定了自己的人生轨迹：辍学—打工—结婚—生子—养家。读书这条路似乎是我不曾设想，也不敢奢望的。不同的选择会造就不同的生活方式。虽然无法绝对地定义何种人生更有意义，但是从小我就意识到走出农村的出路唯有读书。我的成长历程正印证着上学读书与改变命运之间的对应关系。读书与不读书的抗争是我中学时期的"煎熬"。最后能够读书与学习，则要感谢国家的政策。我选择成为一名公费定向师范生，更是政策与梦想的碰撞。

一、读书的认知与坚持

我的父母是地道的农民，文化程度初中以下。自我有记忆起，父母从来没有对我说过"好好读书""将来要上大学""出人头地"之类的话。受文化水平和思想观念的局限，父母最大的心愿就是种好地，地里有好收成，保证几个孩子不挨饿。对于我们接受何种教育，他们未曾认真规划过。尽管父母对我读书的影响微乎其微，但养育之恩永不可磨灭。一直以来，我非常感激我的父母和我的家庭。

我读小学的时候，义务教育已经普及了，不用交学费，因此读书没有给家庭带来经济负担。回忆起在村小读书的时光，学校管理不严，宽松自由，学生该玩的玩，该乐的乐，甚为"快活"。下课放学后，我便回家干农活。在一年级和二年级的时候，我完全没有学习的意识，也没有领会到读书对于一个农村孩子到底意味着什么，只是天真烂漫地在学校"混日子"，成绩自然很糟糕。

真正的转变发生在三年级。那一年，学校来了一位新校长。她是位女教师，格外注重学生的学习，学校管理变得前所未有地严格。新校长很少微笑，总是板着脸，下巴上还有一颗黑痣，走路的时候显得威严可怖。她的面相足以震慑调皮捣蛋的小学生。无论哪个班级多么喧闹，她一到场，只剩一片安静，连空气都流露出令人窒息的"恐怖"氛围。不久之后，镇上举行了校园集体舞蹈比赛，每个小学都要派代表队参赛。我被选进了学校舞蹈队，代表学校参加比赛。然而，事实上我们从来没有接触过舞蹈，刚开始训练时只能说是"群魔乱舞"。幸好每次训练，校长亲自指导监督。她对待舞蹈训练追求精益求精，能够准确把握每一个细节。艰苦的训练持续了大约四个月。正式比赛时，全镇所有的小学队伍中，我们列队最整齐、最具创意，舞蹈表演最完美。我们学校顺理成章地获得了一等奖。当时在场的领导和老师们都对我们这所普通农村小学的表现赞叹不已。有人议论道："怎么也想不到他们学校竟然拿了一等奖。"我的学校获得了舞蹈比赛一等奖，着实令人惊讶，有种默默无言而突然一鸣惊人的感觉。我曾认为农村小孩子比较自卑，他们在潜意识中觉得自己在各个方面都比不上城镇里的孩子。但在新校长的带领下，我们得到了别人的认可，自信心随之增强。当时的我并不知道有"执着"这个词。校长的努力让我体会到的是"坚持"，而"坚持"可以让人做出令人刮目相看的事。面对自己糟糕透顶的学习成绩，我觉得只要我足够"坚持"，不放弃，就能超越别人。怀着这股坚持的决心，我决定要努力学习。

日子一天天过去，不知不觉中已经到了六年级。对于六年级的校园生活，我既充满期待，又感到无尽的恐慌。因为我最尊敬又最害怕的校长就是我们的语文老师。她一如既往地严格要求学生，认真做好教学工作。在一堂课上，校长突然变得像一位慈祥的母亲，亲切地讲起她的人生故事。她说："我以前和你们一样，是一个农村的孩子，家境不太好，放学后总被父母叫去地里干农活，对那些家境较好、放学后能自由玩耍的孩子非常羡慕。从那时起，我下定决心要改变自己的命运，不让子女将来也像我一样辛苦，于是下定决心努力读书。后来，读书这条路让我走出了原本命运困顿的境地，摆脱了面朝黄土背朝天的命运。我深信读书可以改变命运，真心希望你们能够通过自己的努力来改变自己。"当时听完校长的人生故事后，我若有所思。过去我只是盲目地读书，完成作业，直到那时我才真正意识到读书对于我来说意味着什么。它是我唯一的出路！

从那时起，我非常渴望上大学，希望自己将来能有一份体面、有尊严的工作，甚至想像我们的校长一样成为一位教师。怀着美好的憧憬和天真的热情，我拼命地学习。六年级的时候，我们面临着升学的压力，需要大量的复习资料来备考。那时，学校没有多媒体、复印机、打印机等设备，而购买和复印学习资料无疑会增加学生的经济负担，所以校长常常熬夜加班，在教室的两面大黑板上写下密密麻麻的习题，第二天早上来到教室督促我们学习。我们几乎没有买过复习资料，却日复一日地积累了一本又一本的复习笔记。那个苦闷的夏天，我能在忙碌的学业中感受到快乐，这离不开校长的陪伴和奉献。这位我最尊敬的校长，正是她对农村教育的重视，正是她用言语和行为改变了我的懒散态度，让一颗热爱读书的种子在我的心中悄悄地生根、发芽、开花、结果。

随后，我实现了人们对我的期望，考入了初中的重点班。班上的女生们都乖巧勤奋，特别是我的室友们。到了就寝时间，学校会统一关闭电闸，于是我们便偷偷打开已经充满电的小台灯，摆起书桌，小心翼翼地翻阅着课本。从初一开始，熬夜学习成了常态，因为我们强烈地意识到只有付出足够的时间努力学习，才能够走出这个偏僻落后的小山村。青春期的我们，不敢叛逆，胆战心惊地设想着未来。尽管我的成绩并不出色，但对于读书这样重要的事情，我丝毫不敢马虎。

然而临近中考，怀着坚定求学的信念，我陷入了迷茫。尽管父母知道我渴望上高中、读大学，但是迫于家中困窘的生活水平，他们劝说我去找一所技术学校学习一门谋生的手艺。而我身边的同学中，许多人因成绩不理想而报考了技校。是选择进技校呢？还是读高中？我的内心摇摆不定。我是一个温顺懂事、体贴父母的女孩子，自然能理解父母的苦衷，希望能尽早减轻他们的生活重担。然而，对读书的渴望使得我不愿进技校，我始终相信读书能引领我的人生走得更远。这时，我突然想起我的班主任。他曾经考上大学，遗憾的是，由于家境贫困而辍学打工，工作了几年后再次考上大学，毕业后来到我们学校教书。如今，班主任已成家立业，将近四十岁了，但依然在攻读研究生学位。班主任的故事犹如荒漠中的一泓清泉，赋予我继续前行的力量。我决定鼓足勇气和班主任交谈，倾诉我的矛盾和茫然之情。

班主任和蔼可亲地说："亲爱的孩子，我看得出你有一颗坚韧不拔的心，我相信你不仅能够完成高中的学业，还能考上一所理想的大学。经济困难只是暂时的，而读书将会影响你的终身幸福，如今国家的教育政策越来越好，读书的费用也在降低。你放心去考高中，但别忘了你的教师梦！"

班主任的鼓励如同一针"强心剂"，在我对未来感到惊慌失措的时候，重新点燃了我踏上读书征途的勇气。是的，我要继续读书！尽管家人反对，我还是选择了考入高中，并成功进入市里的重点学校学习。

二、选择的价值与困惑

我一直相信读书可以改变命运。也许一件事看得越重，越想做好，结果却往往事与愿违。我期望考高分、上大学，但是，第一次高考意外地落榜了。

面对惨不忍睹的成绩排名，我所能选择的大学需要支付的费用远远超出了家庭经济的承受能力。然而，在当时，广东省已经启动了公费定向培养粤东西北中小学教师试点项目，了解到这一政策后，我看到了上大学的希望。在没有更好选择的情况下，我报考了公费定向师范专业。然而遗憾的是，我没有被录取。我不甘心十年的苦读仅换来进厂打工的结局，因此在巨大的压力下，毅然决然地选择了复读。

复读的学校是一所乡村中学。换了一个完全陌生的环境，我的心态也发生了改变。我认真吸取了高考失利的教训，逐渐学会了踏实和稳重。在这所学校，我遇到了人生中另一位恩师。她是教授语文的周老师，她给学生的第一印象可能是传统的、保守的，甚至有些呆板，但实际上她与众不同。有人说高考就像一场分秒必争的马拉松赛跑，即使在课间休息的时候，其他老师也在不知疲倦地传授各种解题方法。在紧张压抑的复读班里，唯独周老师喜欢和我们聊理想、谈格局，引导我们思考那些对高考"无用"的知识。当时我自认为"理想"与"格局"是多么的虚无缥缈，经常私下和同学们吐槽她的教学方法。然而，渐渐地，我开始聆听，开始品味，我发现周老师竟能够消除课堂教学的枯燥乏味，在那些被认为是"无用"的话题中，我们都变得充满激情。

以前很少有老师会和我们讨论"思想"这个词，但是周老师经常在课堂上强调做人要有自己的思想，鼓励我们在"同质化"的现代社会中要学会独立思考和独立判断。她选择一些热点时事与我们分享，鼓励每个人发表自己的感想，引导我们思考个人与社会、家庭与国家的关系。她独具匠心地组织了一系列头脑风暴活动，让我们发现即使是平凡的自己也能创造独特的价值。她说："小时候，我们是祖国的花朵；长大了，我们便是祖国的栋梁。我们要有理想、有追求，并要有格局、有大爱的精神，将个人的前途与国家的需求紧密联系起来，怀着为国家、为社会、为人民服务奉献的心。"周老师的谆谆教诲让我受益匪浅，对我之后再次选择成为一名公费定向师范生产生了巨大的影响。

当然，我决定报读公费定向师范专业，还有另外一件与周老师相关的事情。对于家庭经济负担沉重的考生而言，公费定向师范生教育政策的吸引力不言而喻，通常能得到父母的支持。但公费定向师范生在毕业后需要回到定向地工作至少六年的时间。对于渴望离开农村的我来说，显然不愿意接受这个要求。恰巧周老师的一个偶然举动给了我做出选择的信心。一次模拟测验的作文材料中提到著名诗人陈先发写给即将去美国读书的儿子的一段告诫之话，勉励儿子在日常生活中要积蓄人生的"四力"，即眼力、思力、定力和抗压之力。周老师非常注重培养我们独立思考和独立判断的能力，而陈先发先生的"四力"思想与她的教育理念不谋而合。她察觉到我们的压力随着第二次高考的临近越来越大，索性与大家展开了关于抗压之力的思考。"不同的年龄阶段会遇到不同的挫折，这是再平凡不过的规律。面对现代社会的激烈竞争，抗压之力是我们立足社会的必备之力，大家要以大格局面对生命中微不足道的小高考。"周老师的话如春风化雨，润物无声，一下子解开了我们复读生的心结。

周老师还给我们播放了华为创始人任正非接受央视记者采访的视频。当时中美贸易战进一步升级，全社会都在担心华为的生存与发展问题，而任正非表示他更加担心的是基础教育。相较于眼下个人的生存，任正非将目光投向了整个国家的基础教育发展，这便是格局！任正非的讲话在我的内心掀起了惊涛骇浪，久久不能平静：谁说干一番轰轰烈烈的事情才算是贡献呢？担任一名乡村小学教师，登上三尺讲台，走进学生的内心世界，推动乡村教育振兴，也是与民族国家发展息息相关的伟大事业。那堂课中，我沉浸在对乡村教师生涯的憧憬中，坚定地拥抱公费定向师范生这个光荣的角色。

第二次高考的成绩出乎意料地令人惊喜，但在填报志愿的过程中，我开始动摇起报考公费定向师范专业的"初心"。许多人普遍认为公费定向师范生的前途渺茫，对我选择成为一名公费定向师范生感到既诧异又惋惜。他们说，我冒着巨大的风险回来复读一年，历经千辛万苦才考取了比较理想的分数，却放弃了摆在眼前的美好前程，选择成为乡村教师是一种何等的浪费和短视。我内心纠结万分，毕竟短短一瞬间的抉择，可能会影响一生的发展。的确，我喜欢教师职业，但是一想到要在农村度过六年的宝贵青春时光等类似问题，就感到异常苦闷。

"中国是一个人口大国，若要成为人才大国，我们才会更有信心与他人竞争，因此，小学教师应该得到更多的尊重。"每当我想改变主意时，任正非的发言萦绕在耳边，于是我重新找出周老师在课堂上播放的视频观看。每看一遍，我都会热泪盈眶，继续再看，越发觉得这或许正是梦想与政策的最佳碰撞。我来自农村，家乡养育了我，社会培育了我，现在是时候用自己的力量回报家乡了！担任一名乡村教师，或许我的前途不能像外人说的那般大富大贵，但通过我个人的行动，我可以为乡村教育的未来创造更多的可能性。我能够顺利考上大学，得益于读书路上众人的帮助。衔环结草，以德报恩。我有责任、有义务去帮助像我一样出身贫苦家庭的乡村孩子，这才是我人生的价值。加上公费定向师范生上大学的费用较少，我可以安心学习，最终我果断地填报了公费定向师范专业。

终于，我如愿成了一名公费定向师范生。成绩公布后，听到周围人的议论，有时我难免产生后悔的念头，责备自己当初做出的决定太轻率。迷惘不安的我又回到了复读的学校，拜访了周老师，将我的疑虑告诉她。她问我："你喜欢当教师吗？你喜欢教育吗？"我毫不犹豫地点头："我从小到大都梦想着成为一名教师。"她说："既然你喜欢当教师，公费定向师范生恰恰是你实现人生价值的桥梁，何乐而不为呢？这几千年的农耕文明告诉我们，中国人的根就在土地，农村是最接近土地的地方。我们的一切都源自土地，在最贴近土地的地方工作，未来可能会收获最丰硕的果实。成为一名乡村教师，这是一份非常有意义、有价值、有前途的工作！"

周老师的回答让我受益匪浅。她是一位扎根乡村教育事业数十载的老教师，她在用爱呵护教育，有着独特的教育见解和深厚的教育情怀。周老师崇高而坚定的教育信念深深地感染了我，让我更加坚定自己的选择，更有力量从容地面对作为一名乡村小学教师所会面临的挑战。

三、大学的追问与成长

进入大学后，尽管我享受到就业有保障政策带来的红利，不需要为就业焦虑，但我也频频陷入专业成长的困惑中。那个困惑就是如何更好地提升自己。作为一名公费定向师范生，我经常反思并追问自己："我要成长为怎样的教师呢？"

大一时，懵懂的我渐渐意识到学会沉淀的珍贵性。大学活动五花八门，我贪心地报名参加一个又一个。如此，我便无法兼顾学习了，付出了大量的时间和精力参加与学习无关的活动，导致我被动匆忙地为了完成学习任务而学习，真正的收获微乎其微。第二学期，受到疫情影响，我被迫居家上网课，无法参加上学期的校园活动了。一次偶然的机会，我加入了学校组织的中小学在线教育教学万人志愿服务活动。起初，我只是想打发无聊的宅家日子，但辅导对象是初中学生，我必须一边提前学习，一边进行教学辅导，志愿辅导活动让我的生活变得有趣、有意义。更重要的是，在与学生的对话交流中，我不仅能够有力地验证所学的理论知识与实际教学之间的关系，也不知不觉地提高了自己的教学能力，也更加喜欢深思一些有关专业学习的问题。闲暇之余，我自觉地将手机搁置在一个角落，端正坐姿，时不时地用右手的食指轻敲自己的脑门，静下心来重新审视自己的专业成长。我意识到自己真正需要的是什么，努力用心看书，这才是我专业成长的捷径。"读万卷书，行万里路"，我相信知识的沉淀必将使我的羽翼越来越丰满。刚开始，我没有打好扎实的专业基础，还持续荒废了宝贵的时间，这是多么愚昧的行为啊！因此，我退出了那些热闹的活动，把重心转移到了学业规划上。这并不是说这些活动没有意义，而是我意识到自己过去仅仅停留在活动的表面，并没有从中获得真正的收获。

大二，我在专业学习的舞台上小试牛刀，努力向一位乡村小学全科教师的标准靠拢。这一学年，我担任学习委员一职，在服务同学的同时获得了更多和老师交流的机会，从而高效地解决学习难题。同时，为了让自己有更多可自由支配的时间，我有选择性地参加与专业有关的校园活动。普通话的发音、"三笔字"的书写和英语单词的背诵，这三项练习，我基本每一天都在坚持。天道酬勤，业道酬精，久而久之，我的恒心迎来了喜人的进步，并受到老师和同学的表扬。补充"一专多能"教师、培养全科教师是未来乡村教育的发展方向，我明白自己不仅是一名小学数学教师，还有可能根据乡村学校的需求兼职体育、音乐、美术等课程。为此，我加入班级篮球队，既能愉悦身心，又充实生活，踏实的幸福感随之而来。

现阶段我渐渐体会到，教师不只是教书，更肩负育人使命。培养什么样的人、如何培养人以及为谁培养人，一直是习近平总书记强调的重中之重，也是我的大学老师经常在课堂上提及的一句话。"学高为师，身正为范。"这句刻在学校石碑上的座右铭，不断地鞭策着我前进。一方面，教师作为学生的示范者、引领者，除了具备渊博的学识，还必须具备高尚的道德情操和师道尊严，只有以身作则方能达到言传身教的效果。我深刻意识到自身理论知识的不足。另一方面，如何说服学生信服老师的育人之道，则要求老师兼备渊博的学识和巧妙实用的方法。基于对理论学习和实际思考的薄弱，除了多听名师讲座，我也养成了阅读教育名著的习惯，积极向优秀的教育工作者汲取教育智慧，拓宽教育视野，理解教育本质，夯实专业本领。

博物若山海，诲人似春风，师恩不能忘。在我人生成长的不同阶段，遇到的多数老师都是爱生敬业的好老师，他们是改变我人生命运的希望灯塔。杨绛先生说："走好选择的路，别选择好走的路，你才能拥有真正的自己。"乡村教育工作必然是辛苦的，但因为热爱，所以负责。我已经笃定决心要热泪盈眶地坚持自己的梦想，踏踏实实地做好自己。一路与读书相伴，我将时刻铭记大学母校"崇德、博雅、弘志、信勇"的校训，走好我的读书之路、教书之路，厚植教育情怀，潜心立德树人，在平凡的岗位上用心做一名优秀的教师，为祖国的乡村教育事业绽放自己的光和热。

第三节　兜兜转转中的双向奔赴

在小学四年级时，我成了一名留守儿童。我表面上假装着天不怕、地不怕的坚强，内心实则空落落的，极度缺乏安全感，幸好及时得到了任课老师温馨的照料。我从小对未来没有很强的目的性，在每一次重大的人生抉择上，比如初升高、高中复读、高考志愿填报等关键节点，家人的建议就是我做出选择的导向。尽管从小在"教师世家"长大，我未曾想过长大后要成为一名教师，更没想过自己会成为一名公费定向师范生。如今回顾过往，我发现教师这个角色早已不知不觉地烙下了难以磨灭的印记。虽然没有明确的规划，但是一旦选择了一条路，便会不回头、不埋怨、走到底。这是我的性格底色。我以咬定青山不放松的精神在大学里努力成长，在自我反思中持之以恒地提升专业技能，自觉增强公费定向师范生的责任与担当。

一、润物细无声的温暖

小时候，我看到老师对学生特别关心，便认为老师是没有距离的好朋友。读二年级时，班里来了一位教语文的李老师，她在课后带给同学们一些小零食，分享小趣事，迅速和我们打成一片。当时班上有一个叫小柒的女生，一般默默地坐在自己的座位，有些胆怯，不会主动搭理别人。她的衣服上上下下都是补丁，有时还有一些油渍，而她的头发，只要轻轻梳一下，遍地是白色的头屑。由于小柒的性子和邋里邋遢的外表，班上多数同学不喜欢跟她玩，更有甚者因为她的模样给她编了顺口溜。大概意思是说：她脏兮兮的，大家不要碰她，一碰她会被传染，也会变得脏兮兮的，没办法洗掉。所以，我们常常看见一个瘦小黝黑的女生独自坐在窗边，神情落寞，谁也不知道她在思考着什么。

某天我急匆匆地走进教室，看到班上同学正在好奇地看向一位女生——她穿着整洁，肤色不白却很干净，眼帘下藏着无尽的害羞。我定睛一看，惊奇地发现这位女生就是班上的小柒！她竟然"焕然一新"！李老师来上课了，我注意到李老师时不时地向她微笑，眼神中饱含鼓励和期待。在李老师提问的时候，小柒居然第一次主动举手回答问题。我对小柒发生的变化不可思议：是什么魔法使得小柒变成今天这般阳光？

我回到家，终于解开了疑惑。姑妈是李老师的同事，她说李老师昨天带着小柒去剪头发，还帮她买了两套新衣服，教她应该如何整理自己的穿着打扮。我饶有兴致地听着姑妈的叙述，眼前随之浮现李老师带着害羞的小柒去理发店、服装店的情景。我仿佛还看到李老师坐在小板凳上，一边帮她剪指甲，一边鼓励她要在课堂上勇敢、积极，她则连连点头。在姑妈的描述中，我也得知了小柒的家庭出现变故，生活艰难。不久后，同学们明显地感受到小柒越来越乐观开朗。她慢慢地打开自己的心门，迈出主动靠近我们的步伐，不再局限在自己的座位上，与班里的同学也能友好相处。

从此，我对李老师的印象更加深刻。李老师为帮助小柒建立起自信，在维护她的自尊心的同时，一步步地通过自己的言行拉近两人的距离，给予她温暖的力量，引导她主动走出自我封闭的空间。李老师和同学们并没有师生之间难以逾越的距离，她就是我们的大朋友，我们彼此交流分享，互相帮助，一起成长。

后来，我也感受到了老师无微不至的关爱，老师就像一轮持续发光的太阳，温暖地照耀我的童年。读到四年级时，家里出现财务危机，父母不得不外出打工补贴家用，我被迫成为留守儿童群体中的一员，寄住在姑妈家。我害怕自己被抛弃、被遗忘，默默地关闭自己的内心，瞒着老师和同学，假装非常坚强，对一切不在意，总是乐呵呵的样子。但每当我一转身，察觉自己的孤独与空虚，想要抓住什么，却发现自己什么都抓不住。在一个夏天风雨交加的凌晨，一声巨响，小夜灯熄灭了，怕黑怕打雷的我被吓得冒冷汗，猛力用棉被裹住自己。那天恰巧姑丈和姑妈都出差了，我一个人战战兢兢地听着房间的每个角落发出窸窸窣窣的声音。我将自己裹得更紧，连一寸皮肤都不敢袒露在空气中。窗户在风雨中微微摇晃，就像神话故事里深夜找小孩吃的女鬼，不仅找上门来，还在不停地哀嚎。那一刻，我觉得自己要晕厥过去了。

过了一会儿，一阵"咚咚咚"的敲门声响起，同时伴随着班主任陆老师的问候声。"飘莹，过来老师家里和妹妹一起睡吧！"这一句话如同一道亮光，瞬间稳住了我慌乱的心神。窗外风雨呼啸，又好像在敲着鼓给我打气，我回过神时，才发现自己脸下的被子已经湿透了一大片。门外陆老师持续地呼唤着，给予我巨大的勇气，我拖着被子挪向门口，一开门，立刻冲进了陆老师的怀抱。陆老师轻轻地拍着我的背，安抚好我之后，带着我回到她家睡觉。那个晚上，我睡得格外安详自在，梦到陆老师化身太阳，温暖地照耀着我，周围充满了温暖。我将永远记得那个雨夜，陆老师对我的呼唤和陪伴，以及对她无尽的感恩之情。或许，我想成为一名老师的念头就是从那一刻开始的——陆老师无私地用她的爱填补了我作为留守儿童所缺乏的安全感，让我清楚地知道自己被爱着、被关注着。在那个深夜，我渴望将来成为一名老师，希望能将这种温暖继续传递下去，成为学生们的小太阳。

转眼间，我迎来了高中时期，老师成为我人生的导师，引领我向前奋进。在高中期间，学校的隔壁就是大学，当老师谈论大学之后的生活时，我并没有产生太大的共鸣，只是觉得校门口的大学生好像天天都处于毕业的状态。在高一时，我们班级接待了一位实习心理老师，她观察了我的绘画，并指出我是一个缺乏安全感的人。我没有想到心理老师能够通过一幅画了解我的成长，对教师这个职业更加好奇了。升入高二后，我突然决定从理科转到文科，这个想法来得很突然，决定得也很迅速。舅舅经营着一所托管学校，也算是一名教师，他与我细细分析了几个小时。我和舅舅坐在客厅讨论到凌晨三四点，倾听他对学习和成为教师的看法，其中特别强调了两点：一是内在动力，二是问题意识。对此我想到了"我想要什么"这个问题。一路走来，我按部就班地跟随着班级同学前进，不知道自己的想法是什么，没有犯过大错，但也没有什么特别优秀的事迹。一直以来，我都习惯了根据自己在高考中的优势选择科目，根据就业前景选择专业，从来没有真正思考过自己对什么感兴趣，想要从事什么。我最感兴趣的是什么？当初为什么选择了理科？而现在为什么要转到文科？舅舅一系列的问题让我愕然，也让我顿悟。通过舅舅的开导，我清楚地意识到，我对周围发生的事情过于漠然。一切正常或不正常的事情，在我看来都是正常发生的。我会因为懒惰而选择与大多数同学相同的方式来对待人生中的各种决定。总结起来，我缺乏独立思考，缺乏自主意识。于是，我的前进轨迹悄然改变了。

二、十字路口的艰难抉择

高考结束后，我感到非常轻松，当晚我就剃了个光头发型，第二天去外面找兼职，可结果是，因为光头，第一次兼职面试我被拒绝了。其实，剃光头并没有什么特殊的寓意，我只是单纯觉得很酷，或者说所有事情都从"头"开始。回想起第一次填报高考志愿，我似乎有些随意，在提前批填报时勉强选择了公费定向师范专业，但最终没有被录取。其中的原因复杂又漫长。在高三这一年，我从姑丈那里听说了有关公费定向师范生教育政策的消息。姑丈和姑妈不停地讨论公费定向师范生的好处，当我听到这些时，感觉自己像个局外人，仿佛与我无关。所以，高考结束后，当他们建议我在提前批填报公费定向师范专业志愿时，我感到非常矛盾，又好像找不到反驳的理由。最终，我无法抵挡家人殷切的期望，在提前批一栏填上了公费定向师范生的志愿。记得当时，另一个姑妈建议我跟随自己的兴趣去选择，不要后悔。之后，对于普通批次的志愿，我尽情地发挥想象力，虽然并没有全面深入地了解大学专业，但我发现文科生可以选择的专业基本上是律师、金融、教师等领域，最终，我选择了一所首次在省内招生的外省学校作为第一志愿。毕竟这所外省大学首次在省内招生，在与其他学校的数据比对后，我决定博一把，将其列为第一志愿。完成了所有的志愿填报后，我继续愉快地做着兼职工作。提前批的录取结果很快公布了，我榜上无名，但内心却暗自欢喜：这可不是我的错，是我与公费定向师范专业缺少"缘分"。

普通批次的录取结果出来后，我如愿以偿地被第一志愿录取。然而，最终我选择放弃去那所大学，而是决定回到高中继续复读。其中缘由亦有很多。当时，我的表哥在电话里与我进行了深入的分析：他咨询了许多同学，了解到那所学校几乎全是女生，缺乏阳刚之气，男女比例严重失衡；况且我选择的是学前教育专业，不必在北京读，将来要留在北京工作也不太现实，相比之下，在二三线城市的师范大学就读更合适；更重要的是，我需要考虑北京地区的消费水平和竞争压力。听了表哥的分析，想到自己大学毕业后想要回家就职，那么在省外大学积累的社会资本可能发挥不了作用，我开始动摇了。回家后，我被告知姑丈已经帮我报名复读，只要我愿意，明天就可以回校读书了，这真是哭笑不得。思索再三，我最终有了答案：辞去兼职工作，搭乘公共巴士踏上我的复读之路。高考后剃了光头，居然真的预示了我会从头开始，这真是世事难料！当时我觉得，永远无法预测生活中下一颗巧克力会是什么味道。

第二次高考成绩即将公布时，我特别紧张。因为这是我第二次参加高考，家人们对我的成绩既抱着很大的期望，又怀有莫大的担忧。虽然与第一次高考分数相比取得了显著进步，但我的分数离优先投档线还差几分，我顿感失落。然而，结果已成定局，我也没有遗憾了，回顾我的复读之路，其实并没有极度努力地学习，而是保持了一种从容的复习节奏。第二次高考成绩并不理想也许是因为我没有破釜沉舟的果敢。

第二次填报高考志愿时，我积累了前一年的经验和教训，保持了前所未有的冷静。看着电脑屏幕上显示的高考成绩，我知道自己能进入哪个层次的学校。这个"不高不低"的分数与稍微有点名气的重点大学的录取位次排名相差了近一万名，却领先了下一个层次的大学近一万名。这样的成绩让我在接下来的志愿填报之路别样坎坷。

可供选择的大学并不多。作为文科生，能选择的范围更加有限。我首先仔细研究了两本志愿填报书，了解了填报志愿的规则，初步确定了四个专业大类方向，分别是律师、金融、语言、师范。在综合考虑各种因素后，我坚信自己对律师和金融两个专业方向没有兴趣，即使我的分数在这两个专业方向上选择大学更具优势。事实上，我对语言相关的专业方向感兴趣，平时对各种语言有很强的好奇心，但考虑到各门语言未来的发展趋势和竞争程度，我还是排除了这个选择。最终，我决定选择师范专业方向。

我与父母、亲人反复探讨了许久，全面考虑了学校、家庭、进修、现实、性格等各个因素，最终认为我最适合从事教师工作，于是我第二次选择了公费定向师范专业。选择这个专业有几个理由。其一，尽管我的高考成绩可以冲击省外的师范大学，但各个师范大学的实力并没有太大差距，与其去外省读书，不如留在省内，离家近还能得到照应。其二，我的家庭经济情况一般，公费定向师范生可以享受免学费、免住宿费、有补助、保就业等待遇，选择这个专业能够减轻家庭的经济压力。其三，我比较喜欢农村生活，能够接受不去外面世界闯荡的遗憾。农村孩子天性自由纯真，教育环境更贴近自然，如果我能合理利用这些资源，在乡土扎根，说不定更易出彩，未必比城市生活差。经过对开办公费定向师范专业的院校进行筛选，其中粤西某个师范大学毕业以后定向回到我的家乡，无疑成为最佳之选。如此分析，与其说是我苦于不出色的高考成绩而被迫选择了公费定向师范专业，不如说这是一场双向奔赴。我需要的，正是它能够提供的，一切都是最好的安排！

我自信地等待高考录取结果，当我收到学校寄来的录取通知书时，我感到十分坦然。我已经查阅了学校往年各个专业的详细录取情况，根据我的成绩排位，进入该学校是相对轻松的事情。与此同时，我还收到了好朋友的消息，她也同样被录取，并且和我在同一个专业。当年的两个小女孩，可能谁也没有想到几年后还能在同一个专业学习，共同度过大学四年的宝贵时光。实际上，在填报高考志愿的过程中，我的好朋友也同样纠结万分。我们俩相识已近十年，从小学、初中、第一次高考到第二次高考，互相见证了对方的成长。第二次填报高考志愿时，我也和她分享了自己家人对公费定向师范专业的分析。经过深思熟虑之后，她决定选择报考。在大学开学之前，助班师姐联系我们选择学科方向时，我们一同选择了数学方向，最后发现竟然在同一个班级，同学情分竟像是被命运安排一般延续了下去。

似乎什么都没变，依旧是这个熟悉的地方；又似乎一切都变了，因为我正式成为一名大学生，迎来崭新的开始。大学，我来了！

三、咬定青山不放松

我的大学是一个既熟悉又陌生的学校。在高中三年，我就在隔壁学校读书，见证了一届又一届的师兄师姐毕业。每个周末回家时，我都会和家人聊天，畅所欲言地表达自己的所见所闻。但又不得不说我对它仍然感到陌生。当时，我只是一个旁观者，并没有真正体验过大学生活。开学的第一天，我真正成为一名大学生，走在校园里的道路上，心中充满了新鲜感和好奇感，四处观望的眼神充满了对未来的向往。我和家人一起来到宿舍，安置好行李后，便去美美地吃了一顿送别饭。告别过去的自己，告别旧的身份，开始了我的大学生活。

作为一名公费定向师范生，我感到与普通师范生有许多共同之处：一起怀着对大学生活的美好期望，渴望在这个舞台上大展身手。但公费定向师范生又有所不同，得到了国家的资助，肩上自然而然地承载着更多责任和担当。

在机缘巧合之下，加上舍友的激励，我加入了学院的健美操队伍，并从中获得了许多宝贵的精神财富。教练告诉我："如果你重复做一百遍同一个动作，那不是勤奋，而是愚蠢。一味地重复没有任何意义！"确实如此，有些队员在训练场上花费了大量的时间却没有得到应有的成效，而有些队员只需几个小时就取得了显著的进展。想要保证训练的质量和效率，就必须勇敢地反复检视自己不达标的动作，并设法改进，我们不能成为队伍中随波逐流的叶子，敷衍教练，敷衍自己。无论做任何事情，都必须有目的地进行反思。这是我从健美操训练过程中领悟到的哲理。当我站在讲台上进行试讲时，也应持有同样的态度——将试讲视为真正的课堂，尽可能地预判课堂可能出现的突发事件，并及时调整。我要转变自己的身份，忘掉自己的学生角色，告诉自己我是一名传道授业解惑的老师——讲台下的人不再是我的同学，而是我的学生。

学会自我反思不仅对体育训练有益，对于公费定向师范生的专业成长同样适用。教练嘱咐我们，在每次训练结束后写下训练日记，起初我并不理解，觉得每次训练已经非常辛苦了，还需要再写一篇"小作文"，心里有些别扭。教练觉察到有些队员偷懒，便语重心长地说："训练日记实际上是写给自己看的，教练看不看是教练的事情，但是写不写是你的事情。训练看上去枯燥无味，没有什么值得写，但是当天的训练内容、教练强调的重点、自己的不足以及心理感受等，这些都是你可以自由发挥的内容。将来你去指导他人时，你的训练笔记就相当于你的教案，它是你的信心之源！"我顿时恍然大悟，联想到教师的自我反思，二者有异曲同工之妙！以前总是不能理解，上课就上课，为什么有些老师要做多次教案，还有厚厚一沓听课记录，原来在一页页的输出过程中，他们真正将所接收到的知识和经验内化于心了。教练让我们写训练日记不正是教师的教学反思日记的另一种形式吗？它们都通过对自我、对他人的剖析来促进自身专业能力的持续发展。

作为公费定向师范生，我们来到大学面临的重要任务之一就是持之以恒地提升自身的专业技能。在一次排练结束后，教练问了一个问题："你们上大学的目的是什么？"大家都陷入了沉默。是啊！我们上大学是为了什么呢！我的答案是坚持提升专业技能。从学院的健美操队伍到学校的健美操队伍，我每天进行基本的常规训练。一开始可能看不到明显的成果，有时会怀疑坚持的价值，但是经过一个月、一个学期、一学年的坚持，我发现自己的整体身体素质和操化动作都有不同程度的提高。我对待专业学习也深信只要坚持就能提升的道理。大学老师倾向于将课程学习的自主权交给学生，让同学们上台讲课、分享经验，把自己当作真正的教师。通过一次次的体验，我不仅熟悉了小学教材内容和多门课程标准，而且在教案设计、教师仪态、课堂掌控等方面积累了丰富的经验。总之，专业学习的提升贵在坚持，它只有进行时，没有终点线。

突然间，2020年遭遇疫情，我们严格遵守疫情防控的相关规定，在家进行在线学习，这是我第一次深入接触线上教育。因为疫情，大家或多或少地都有遗憾，错失了许多线下才能举行的精彩活动，不能和同学们一同坐在教室听老师讲课。在这段特殊的时期，我看到了未来教育的各种可能性，其中线上教育是目前应用较广的形式之一。我不仅在线上听课，而且还加入了学校的中小学生在线教育教学志愿辅导活动，进一步认识线上教育的优劣之处。线上教育具有诸多好处，突破了时间和空间的限制，学生可以随时随地学习，并且可以对不懂的内容进行回放，大大提高了学习效率。然而，线上教育也存在着没有老师在身旁监督，学生自律性较差的问题。我亲身体验了一个学期的线上教育，最大的感受是线上教育可以作为线下教育的补充，能够弥补教育资源的不均衡，使偏远地区的孩子们能够享受到同等优质的师资和课堂教育。

我孜孜不倦地学习各门专业课程，逐渐摆脱了曾经迷茫、学而不知所云的状态，对教师和教育有了更加成熟的认识。教师语言课程教导我作为一名教师不能随便说没有根据的话；教师专业发展课程提醒我要持续不断地学习；教育心理学启迪我分析每位学生的特点，学会因材施教；教育学原理向我揭示了教育的本质，所以以后我想要上好小学数学课，就要以激发学生思维为重要任务，前提不是照本宣科，而是创造认知冲突……长路漫漫，我不禁感叹小学数学教育的博大精深。我从许多课程的大学教师的教诲中受益匪浅，每一位教师都具备值得虚心学习的品质。比如，开设教育史课程的老师特别严谨，不轻易评论不了解的人和事物，引导同学们进行深度阅读。教授瑜伽的老师不仅教会了我掌握瑜伽技巧和方法，也让我懂得静下心为人处世。每一位大学教师的身上都有我希望学习的品质，这些品质汇聚在一起，构成了我努力想成为的乡村教师的模样。

如果说大一是平静而慌张的，那么大二的我在不断尝试中找到了方向。简而言之，我的学习节奏和生活轨迹已逐渐成形。我准备好成为一名乡村教师了吗？不妨拭目以待。

第四节　他人影响动机的自传叙事简析

人是一种社会性动物。作为个体的人，我们生活在社会之中，与他人建立关系，互动和交流。在我们的生活中，无论是否愿意承认，我们的思想观念和行为表现都会受到他人的影响。他人的影响可能来自家人、朋友、同事甚至陌生人。而这种影响往往会在我们的行为选择中显露出来。然而，每个人都拥有独立思考和判断能力。虽然会受到他人的影响，但我们不能忽视内心的声音。有时候，他人的影响并不是单一的，它可能与我们的内在动机、信念和价值观产生交互作用。在做出行为选择时，我们需要综合考虑各种因素，包括自己的内心声音和他人的影响。职是之故，在高考志愿填报过程中，他人的意见、建议和劝导无疑对学生的大学和专业选择产生影响。一些学生可能受到老师的影响，感受到为人师表的高尚人格和社会价值，进而决定选择公费定向师范专业。一些学生可能受到父母的影响，把父母自身的人生经验和职业感知，作为自己选择公费定向师范专业的重要依据。一些学生可能受到朋友的影响，参考同侪群体中其他人的选择，最终决定报读公费定向师范专业。可见，他人影响个体行为选择是一个无法回避的客观事实。老师、父母、同学的意见、建议和劝导，助力着学生选择公费定向师范专业的可能。

在"从教之种奔向参天"的自传叙事中，"我"遇到了许多出色的老师，他们的行为和人格塑造了"我"的从教理想。在"我"看来，"老师，不仅是学生的老师，亦师亦友亦长辈""一位老师的建议也许只是举手之劳，却足以改变学生的一生。这就是教师的责任与担当"，老师要"做学生的贵人"。教师是学生接触社会的第一个窗口，他们的言传身教将直接影响学生的价值观和道德观。教师不仅是知识的传授者，他们的话语和行为往往成为学生模仿和学习的对象。一个品德高尚、专业知识丰富的教师会让学生对其怀有敬意和尊重，从而更愿意接受教师的教育和指导。正如"我"叙述的那样："我的教师理想从种子长到大树，受益于一位位出色的老师的言传身教。"但所谓的教师理想，只是"我"畅想和憧憬自己在大城市学校从教的愿望，并没有考虑回到乡村做教师。在高考填报志愿时，"我"第一次听说公费定向师范专业，面对一系列政策优势，"我"有些想法，但不够坚定，犹豫不决。与父亲一再讨论其中的利弊，考虑最多的是弊端。得益于那位"大佬"老师的意见和指导，"我"最终决定选择公费定向师范专业。正是老师的建议和解释，"我"才下定决心将公费定向师范专业作为第一志愿。可以说，选择公费定向师范专业并不完全是"他人影响"，但"他人影响"确实起到了关键的助推作用。

在"读书之路的抗争与成长"的自传叙事中，受制于家庭经济困难，"我"逐渐确立了通过自己的努力来改变人生的理念，因为对"我"而言，读书是唯一的出路。临近中考之际，坚定求学的"我"陷入了迷茫，困于家庭窘迫的生活水平，面临进技校还是读高中这一重要抉择，班主任的鼓励重新点燃"我"踏上读书征途的勇气。人的行为选择是独立自主的，但事实上，他们经常受到老师、朋友、家人、同事等他人的影响，而他人影响可能会导致个体行为的改变。高考失利后，"我"选择在一所乡村中学复读。在紧张压抑的复读班里，教授语文的周老师喜欢与学生聊理想、谈格局，引导学生思考那些对高考"无用"的知识。周老师的谆谆教诲使"我"受益匪浅，"这对我后来再次选择当一名公费定向师范生有着很大的影响"。在教育的世界中，常常听到关于教师的两种称呼：人师和经师。人师是以人的成长、发展和完善为教育目标的教育者。他们关注的是人的思想、情感和价值观，通过引导学生自我探索、理解他人，以及与世界建立联系，来帮助学生形成积极的世界观和人生观。经师则是专注于传授知识、解析经典，以及引导学生进行学术研究的教育者。他们致力于传递学术传统、推动知识的创新与发展，以及培养学生的批判性思维和解决问题的能力。周老师既是人师又是经师，她不仅重视知识教育，也重视道德教育。在填报高考志愿的过程中，"我"动摇了报考公费定向师范专业的"初心"，纠结于乡村教师的各种不安，但回想起周老师在课堂上播放的华为创始人任正非接受央视记者采访的视频，激起了"我"内心深处的情感，激动得热泪盈眶，最终果断填报了公费定向师范专业。作为重要他人的周老师确实影响了"我"选择成为一名公费定向师范生。

在"兜兜转转中的双向奔赴"的自传叙事中，当"我"上小学四年级时，家庭陷入了财务困境，父母不得不外出打工，而"我"被安排寄住在姑妈家，成了留守儿童群体中的一员。留守儿童由于长期缺少父母的陪伴，常常感到孤独、无助和焦虑。他们往往缺乏安全感，对陌生事物感到敏感和恐惧，可能表现出内向、害羞和不善于交往的特点。同时，父母外出务工导致了家庭教育的缺失，留守儿童在学习过程中往往面临诸多困难，如注意力不集中、缺乏学习动力和兴趣等。正如自传叙事中所说："表面上假装着天不怕、地不怕的坚强，内心实则空落落的，极度缺乏安全感。"与此同时，留守儿童经历对"我"产生了深远的影响，如养成随波逐流的性格，缺乏独立思考和自主意识。在第一次高考志愿填报时，家人的建议是"我"做出选择的导向，尽管"我"不情愿，但仍在提前批报读了公费定向师范专业，但遗憾地未被录取。幸运的是，"我"顺利考入普通批次的第一志愿，然而，在表哥的建议和劝说下，最终选择放弃已被录取的大学，回到高中继续复读。家人也好，表哥也罢，都成为"我"高考志愿填报和大学专业选择的重要影响因素。在第二次填报高考志愿时，经过与父母和亲人的反复探讨，最终，"我"第二次报读了公费定向师范专业。在此过程中，"我"与好朋友分享了家人对公费定向师范专业的分析，经过慎重考虑，她决定选择报考该专业。结果，两人同时被录取。不可否认，选择公费定向师范专业时，"我"考虑了家庭的经济状况，以及对农村美好生活的向往，而父母、亲人和好友等他人因素的影响发挥着推波助澜的作用。

阿拉斯戴尔·麦金太尔在《德性之后》中写道："我们都是以一个特定社会认同的承载者来接触我们自己的环境。我是某个人的儿子或女儿，某人的表兄或叔叔；我是这个或那个城邦的公民，这个或那个行业的成员；我属于这个氏族、那个部落或这个民族。因此那些对我而言是好的事情，也必然是对扮演这些角色的人是好的事情。如此，我从我的家庭、我的城邦、我的部落、我的民族的过去之中，继承了各种各样的债务、遗产、合理的期待与义务。这些构成了我生命的既定素材，也是我在道德上的起点。"①作为处在各种关系之中的公费定向师范生，高考志愿的选择摆脱不了社会关系的纠缠和牵绊。他人影响作为公费定向师范生入学动机的主要表现，根植于人的关系本质之中。这并非偶然，而是内在的决定。

---

① MacIntyre A. *After Virtue: A Study in Moral Theory*［M］. Notre Dame：University of Notre Dame Press，1984：220.

第六章　公费定向师范生的
入学动机与留乡任教

公费定向师范生四大入学动机的自传叙事，可谓一种"历史性"的分析和呈现，具体表明了在高考志愿填报前后，学生选择公费定向师范专业的影响因素和推动力量。大学入学前的动机因素是一回事，而大学入学后的动机表现又是另一回事。受内外因素影响和制约的入学动机，并非一成不变。根据公费定向师范生的入学动机表现，强化公费定向师范生的留乡任教意愿，有效实现公费定向师范教育政策的初衷和目的，方能凸显公费定向师范生入学动机研究的重要意义。本章主要探讨公费定向师范生的入学动机与留乡任教，即在论证入学动机动态变化特点的基础上，提出公费定向师范生留乡任教所面临的主要困境与突围路径。

第一节　入学动机的动态变化

一、入学动机可变性的影响因素

作为心理学中的一个核心概念，动机解释了个体或群体为什么会有某种行为或决策。动机不仅影响人的行为，还影响人的思想、感情和决策。

人的动机并非单一存在，而是由多种不同的动机共同作用。这些动机可能源于生理需求、心理需求、社会需求等。例如，当人感到沮丧或失落时，可能会失去动力；而当人感到兴奋或充满热情时，可能会变得更加积极和有动力。随着时间的推移，需求和经验的变化，动机也可能发生变化。故而我们需要理解并接受这样一个事实：动机并非一成不变，它具有可变性的特点，会随着时间、情境和经验的变化而变化。基于动机的可变性发现，公费定向师范生的入学动机受到多种因素的影响，包括环境、经历、情绪等方面。

第一，环境影响公费定向师范生的入学动机。在日常生活中，环境无时无刻不对人的行为和决策产生影响。这种影响有时是明显的，有时则是微妙的。环境影响动机的研究可以追溯到 20 世纪初的行为主义理论。行为主义者认为，环境是塑造个体行为的主要因素。人类所处的环境，无论是自然环境还是社会环境，都以多种方式塑造人的动机。例如，一个人生活在繁华的城市环境中，可能会被激发出对物质生活的渴望和对经济独立的追求。而在自然环境中生活的人，可能更重视与自然和谐共处，追求精神满足而非物质富饶。当公费定向师范生处于不同的情境之中，其入学动机可能发生变化。生活在充满考试压力的环境中的公费定向师范生，可能持续感受到焦虑和不安，驱使他们追求安全和稳定，公费定向师范专业的保障性和稳定性成为其优先考虑的条件。而在舒适和安全的大学校园环境中，公费定向师范生拥有追求全面而自由的个性发展的空间和时间，原本选择任教乡村的入学动机可能会因此发生变化。

第二，经历影响公费定向师范生的入学动机。动机并非独立存在，而是深受人的经历的影响。人的成长历程、教育背景、社交圈子以及自身遭遇，无一不在塑造着动机和行为。从心理机制来看，经历会通过影响人的心理状态来影响其动机。例如，当人们经历失败时，可能会感到沮丧和失望，这种心理状态会降低人的动机。反之，当人们经历成功时，可能会感到兴奋和自信，这种心理状态会增强人的动机。另一方面，经历会通过影响人的认知来影响其动机。例如，当人们看到他人成功时，可能会认为自己也能成功，这种认知会增强人的动机。反之，当人们看到他人失败时，可能会认为自己也会失败，这种认知会降低人的动机。在自传叙事中，有些公费定向师范生的幼时经历影响了高考志愿的选择。个别学生因为经常目睹父母为了生计而辛苦奔波，每天起早贪黑地工作。正是他们频繁经历父母生活的疲惫和辛苦，导致自己想要相对稳定和轻松的工作岗位，公费定向师范专业成为满足其需求的最佳选择。

第三，情绪影响公费定向师范生的入学动机。情绪和动机是相互关联的两个概念。情绪是指人们对客观事物是否符合自身需要的态度的体验，而动机则是推动人们行动的内在动力。人们的情绪状态、自信心、自我效能感和目标导向等心理因素都会影响他们的动机。人们往往会将积极情绪与积极的目标联系在一起，而将消极情绪与消极的目标联系在一起。这种联系会导致人们对不同的目标产生不同强度的动机。当人们处于快乐、愉悦的情绪状态时，他们更倾向于追求快乐、满足和成就等积极目标；而当人们处于沮丧、焦虑的情绪状态时，他们更可能追求安全、稳定和逃避等消极目标。从公费定向师范生入学动机的自传叙事中可以看到：当学生的高考成绩优秀而处于积极情绪状态时，他们往往更加自信、乐观和愉悦，更加积极地追求理想的大学，而公费定向师范专业只是其中的一个选择；相反，当学生的高考成绩不理想而处于消极情绪状态时，他们往往感到缺乏动力和信心，这种消极情绪状态削弱了他们对理想大学和理想专业的追求，公费定向师范专业成为求稳保全的入学选择。

二、入学动机可变性的表现形式

既然入学动机并非一成不变，那么学生进入大学后，由于各种原因可能导致其入学动机发生变化。公费定向师范生可能因对专业兴趣的增加或减少等因素而改变自身的入学动机，也可能因家庭经济状况的变化而改变自己的入学动机，更可能因现实社会对某些专业的热衷或冷落而改变自己的入学动机。公费定向师范生入学动机的可变性，不仅表现为入学动机的波动，还包括入学动机的转变和入学动机的消失。公费定向师范生发生违约事件，即是入学动机彻底消失的结果。

其一，入学动机的起伏。动机的起伏是动机动态变化的一种常见表现形式。人们的动机会随着时间的推移和环境的变化而波动。这种起伏可以是由生理需求的变化、心理状态的变化以及社会环境的影响所引起的。试想一下，当人们满足了自身的基本需求后，可能会感到更加放松和满足，从而导致动机下降；而当人们面临新的挑战或机遇时，可能会感到兴奋和充满动力，从而导致动机上升。一些公费定向师范生进入大学后，享受着"多免一补"的政策福利，入学即入编、毕业即就业的专业特性使其毫无就业压力，导致他们产生"吃吃喝喝上大学""浑浑噩噩每一天"的心态，有的沉浸在打游戏的快乐之中，有的执着于做兼职的忙碌之中，原有的教师职业理想之入学动机逐渐丧失殆尽。

其二，入学动机的转变。动机的转变是指人们从一个动机转变为另一个动机。这种转变通常是由环境的变化或个人成长所引起的。公费定向师范生可能最初对在乡村学校担任教师感兴趣，但随着年龄的增长、经历的积累和认知能力的提高，他们可能会对在城市学校担任教师产生更强烈的兴趣。在这种情况下，他们的教师职业理想入学动机已经发生了转变。正如一名公费定向师范生所言："我们有一次去农村学校见习，后来在一些城市学校见习完，就觉得城市里的学校真的很好，包括基础设施、学校氛围，一对比我就不想去农村学校了。"[①] 由此可见，面对环境的变化，伴随个人的成长，在关键事件的发酵下，公费定向师范生的入学动机可能发生"逆转"性的改变。

其三，入学动机的消失。动机的消失是指人们失去原有的动机。之所以发生"动机的消失"往往是由环境的变化、时间的推移或其他因素引起的。一方面，当一个人完成一项任务或达到一个目标后，可能会感到满足和放松，从而导致动力下降并最终消失。另一方面，新的动机可能会随

---

① 陈菁，马勇军，初环海，等. 省属公费师范生违约行为研究——基于对山东省高校公费师范生的扎根理论分析 [J]. 山东高等教育，2023，11（1）：64-70.

着时间的推移而出现。一个人可能会因为面临新的挑战或机遇而产生新的动机。一名违约的公费定向师范生描述了违约的原因："我违约的原因其实就是我不想去乡村当老师。当初报考公费师范生就是为了'编制'，经过这几年的学习我发现去农村当老师不是一件简单的事情，我承认乡村教师是一个很'伟大'的职业，但是我不是一个'伟大'的人。"① 在大学四年的学习和生活过程中，公费定向师范生原有入学动机的消失，意味着将彻底背离其高考志愿填报的行为选择，继而产生违反三方协议的不道德行为。

公费定向师范生入学动机的可变性表现，需要通过各种路径进行预防和矫正。在《关于费尔巴哈的提纲》中，马克思批判了那些只是用不同的方式"解释世界"，而不懂得"改变世界"的形形色色的哲学家们。马克思指出："哲学家们只是用不同的方式解释世界，而问题在于改变世界。"② "解释世界"与"改变世界"两者之间虽是不同的，但又是相互统一、相互促进的。"解释世界"是一个科学和哲学的任务，通过观察、实验和推理，人们试图理解世界的运行规律，理解自然现象和社会现象背后的原因和机制。"解释世界"是"改变世界"的前提。只有深入理解和揭示世界的本质和规律，才能有效地"改变世界"。与此同时，"改变世界"的实践又为"解释世界"提供了新的经验和素材，使人们对世界的认识更加深入和全面。立足于"解释世界"和"改变世界"之间的关系，如果说厘清公费定向师范生的入学动机只是在"解释"学生为何选择公费定向师范专业，那么"改变"公费定向师范生的专业承诺而使其认同公费定向师范专业，就成了一项必然的任务。当然，正如"哲学家也不可能直接去改变世界，而只能通过语言建构社会现实来改变世界"③，"改变"公费定向师范生

---

① 陈菁，马勇军，初环海，等.省属公费师范生违约行为研究——基于对山东省高校公费师范生的扎根理论分析［J］.山东高等教育，2023，11（1）：64-70.

② 马克思，恩格斯.马克思恩格斯选集：第1卷［M］.北京：人民出版社，1995：57.

③ 蔡曙山.认知科学框架下心理学、逻辑学的交叉融合与发展［J］.中国社会科学，2009（2）：25-38.

的专业承诺，使其对所学专业发自内心地认同和喜爱，同样需要通过语言表达和思想建构来完成。

第二节　留乡任教的强化路径

一、留乡任教面临双重性风险

"改变"公费定向师范生的专业承诺，使其增强留乡任教的积极意愿，成为"解释"学生为何选择公费定向师范专业的重要目标。从入学动机来看，留乡任教面临着"动机可变性"的第一重风险，特别是最初选择公费定向师范专业的动机的消失。从教育实践来看，公费定向师范生人才培养过程存在着"针对性不足"的突出问题，这成为留乡任教所面临的第二重风险。

以小学教育专业为例，本研究随机收集了国内 6 所公费定向师范生培养院校的人才培养方案，结果发现：这 6 所院校综合考虑了各自师范教育的传统优势和发展水平，并融合了各自的专业特色发展而设定专业培养目标（见表 6-1）。这些师范院校在人才培养上各有侧重，有的侧重培养师范生的专业理论水平，有的侧重培养师范生的体艺专长，有的侧重培养师范生的教学技能。尽管侧重点有所不同，但总体上的人才培养目标基本一致。公费定向师范专业的人才培养目标主要指向学生的综合素养发展，即德才品行要兼备、理论基础要扎实、实践技能要丰富等。然而，这 6 所师范院校的公费定向师范专业人才培养针对性不足，均未明显体现符合公费定向师范教育政策的"发展特征"。这让人不禁产生疑问：公费定向师范生和普通师范生的人才培养有何区别？由此可见，培养院校对公费定向师范专业人才培养缺乏清晰的理解和定位，其培养目标的设定基本按照普通师范生的教育模式来进行，没有彰显把公费定向师范生培养成乡村教师的政策宗旨。

表6-1　国内6所公费定向师范生培养院校的人才培养目标（小学教育专业）

培养院校	小学教育专业人才培养目标
SF01	面向新时代基础教育改革创新发展需求，秉承骨干专家型教师目标追求，着力培养具有开阔的国际视野、宽厚的科学人文底蕴、广泛的通用知识、高深的学科知识、通用教育学知识和智慧型教育实践知识，以及高尚师德修养能力、小学课程与教学创新能力、小学班级与课堂有效组织能力、现代教育技术开发能力、校本教育研究能力和学科课程与教学开发能力的卓越小学教师和小学教育研究者
SF02	培养热爱小学教育，具有小学教育情怀、强烈社会责任感、良好职业道德和先进专业理念，专业知识扎实、专业能力突出，能在小学胜任全科教学、研究和班级管理工作，具有一定国际视野和创新思维、实践能力强的多学科全能型小学教师
SF03	培养具有高尚师德与深厚教育情怀，具备丰厚的人文、科学与艺术素养，扎实的学科知识，突出的专业能力，德智体美劳全面发展，一专多能，胜任小学教育教学、教育研究和教育管理工作的高素质专业化小学教师
SF04	立足本土兼具国际视野，适应小学教育改革与发展需要，具有坚定的政治信念、先进的教育理念、良好的师德及科学人文素养，具备扎实的专业基础知识、基本技能、研究能力、实践能力，以及学有所长、兼具特长，胜任小学教育教学、研究及管理，有教育情怀的教育工作者
SF05	培养德、智、体、美等方面全面发展，有较高思想素养，综合素质良好，掌握现代教育基本理论，熟知小学儿童发展规律与特性，具有较为深厚的专业知识、扎实的专业基本技能和较高的教育理论素养，具有一定的教育研究能力和管理水平，能适应小学教育改革与发展需要的具有现代教育观念和创新精神的高素质小学教师
SF06	培养具有良好的思想道德修养、身心素质，较高的文化修养、科学素养,在德、智、体、美、劳等方面全面发展，适应经济社会发展需要，具有创新精神和实践能力，具有现代教育理念、知识结构完整，具有强烈教育改革意识、教研与科研能力强、能设计和主持教育教学实验、综合素质好的新型小学全科教师和教育管理者、教育科研人员

二、乡土元素赋能高质量培养

公费定向师范专业的人才培养应当体现对于"乡村教师"的精准定位，增加"下得去""留得住""教得好""有发展"等具体内容。换言之，公费定向师范专业的人才培养规格需适应乡村下得去、热爱乡村留得住、理论融合教得好、实践创新有发展。2022年，《教育部办公厅关于进一步做好"优师计划"师范生培养工作的通知》明确强调了"围绕'定向'，服务乡村教育振兴，突出培养特色"。从"定向性"来看，师范教育全过程应该融入"乡村社会建设与振兴""乡土文化内涵与精神""乡村教育理论与方法""乡村儿童心理与成长"等乡土元素，这可谓地方师范院校公费定向师范生高质量培养之必要的、重要的和关键的措施与策略。公费定向师范生高质量培养的目标之一，就是公费定向师范生能够全面把握乡村社会状况，深入了解乡土文化精神，快速适应乡村学校环境，并清楚知道乡村教师的职责等，凸显其在服务乡村教育和建设乡村社会方面的主动性、适应度以及胜任力。乡土元素赋能公费定向师范生高质量培养主要表现在以下几个方面。

第一，以乡土元素赋能培养目标，促使公费定向师范生养成致力于扎根乡村教育和振兴乡村教育的"大先生"坚定志向。在教育活动中，教育目的规定教育手段，教育手段服务教育目的。作为教育目的具体化形式的培养目标，乡土元素赋能地方师范院校公费定向师范生高质量培养由此先行。

一方面，坚持"服务乡村、建设乡村、振兴乡村"的价值观念，赋予公费定向师范生扎根基层终身从教的培养目标。高质量的乡村定向师范教育旨在培养一批"下得去""留得住""教得好""有发展"的乡村教师。"下得去""留得住"是"教得好""有发展"的前提和基础。然而，"下得去"乡村容易，"留得住"不易。"留得住"显得尤为重要。立足个人需要与家国期待的协同立场，融入乡村社会建设的意义和价值，培养目标可以将公费定向师范生的职业规划融入乡村发展矩阵中，提出扎根乡村教育伟大事业的愿景期许，引导他们"留得住"乡村，坚守终身从教乡村的人生信念，确立教育报国的"大先生"坚定志向。另一方面，依据"爱教育、爱学生、爱乡村"的融合理念，厚植公费定向师范生对乡土教育的情怀，以振兴乡村教育为培养目标。爱乡爱国的家国情怀是中华民族人皆有之的乡愁，作为一种重要的乡土元素举足轻重。爱教育、爱学生、爱乡村，内在指向要培养有乡土情怀、懂乡村教育的乡村教师。而铸造有乡土情怀、懂乡村教育的乡村教师，不失为公费定向师范生高质量培养的具体表现。有乡土情怀、懂乡村教育的乡村教师积极投身乡村教育事业，全力以赴以乡村教育福祉为鹄的，成了振兴乡村教育的主体。立足于家国同构与爱家爱乡的融合理念，培养目标可以纳入热爱国家与教育事业的使命感和责任感，把公费定向师范生培养定位成乡村优秀教师和乡村教育家，使其以发展乡村教育为己任，养成振兴乡村教育的"大先生"坚定志向。

第二，以乡土元素赋能课程体系，促使公费定向师范生掌握凸显乡村特色和强化乡土熏陶的"在地化"教育能力。在教育活动中，教育目的是通过一定的教育手段来实现的，不考虑教育手段就是不严肃地对待教育目的。公费定向师范生高质量培养目标的实现有赖于教育手段的有效支撑。囊括课程资源、教学方式、学时分配等内容要素的课程体系，是实现公费定向师范生高质量培养目标的支撑性因素。

一是正视乡村学校根植乡土空间的实然情境，开发凸显乡村特色的课程资源，提升公费定向师范生的"在地化"教育能力。公费定向师范生毕业后前往乡村学校任教。乡村学校处"在"乡村之中，以乡村儿童为对象，以乡村社会为场域。置身于乡村学校空间，公费定向师范生要以乡村儿童的生活和乡村学校所在的一方水土为基础，开展基于乡村生活圈的教育活动。公费定向师范生高质量培养指向其乡村学校"在地化"教育能力的高水平发展。职是之故，必须重视课程设置中的乡土价值。基于乡土元素融入课程资源的前置观念，课程设置可以摒弃唯城市教育的"去乡土化"价值取向，体现鲜明的"再乡土化"乡村特色，开发与建构承载地方性知识的乡土课程，促进公费定向师范生的"在地化"教育能力发展。譬如：开设乡土文化通识课程，增加公费定向师范生的乡土知识教育；将乡村教育资源融入教师教育课程，培育公费定向师范生的乡村教育特性；打造乡村教育特色课程，帮助公费定向师范生储备解决乡村教育问题的知识和能力。二是秉持乡村教师认同乡土文化的应然期待，提倡强化乡土熏陶的教学方式，增强公费定向师范生的"在地化"教育能力。正如"乡村建设实非建设乡村"，乡村教育实非教育乡村。高质量培养公费定向师范生，不仅推动其了解乡土中国和乡村教育、掌握乡村教育理论与方法，而且促使其感受乡土文化的深层滋养、认同乡土文化的价值内涵。公费定向师范生在感受乡土文化魅力和养成乡土眷恋情感的基础上，想必会产生对乡村文化和乡村教育的亲近感、舒适感及认同感，生成深厚的乡土教育情怀。因此，坚持乡土文化认同的教育功能，注重利用和开发乡土文化教材，编写乡村文化案例，强化教育教学对公费定向师范生的乡土文化熏陶。通过阅读乡村教育经典著作、走进乡村学校实地考察、讲述乡村教育真人真事等教学方式改革与创新，培养公费定向师范生的乡村家园归属感和乡村文化认同感，强化公费定向师范生的"在地化"教育能力发展。

第三，以乡土元素赋能实习实训，促使公费定向师范生体验覆盖城乡教学和融合城乡文化的"双元性"教育实践。实践是认识的基础和目的。教育实践是师范人才培养的必经一环。公费定向师范生知识学习不仅要驻足"象牙塔"之中，求索书本知识，而且要迈出"象牙塔"大门，积累实践能力。在教育实习与教育实训中，夯实公费定向师范生的实践能力，成为其高质量培养的重要标志。

在默认城市教育水平高于乡村教育水平的惯性思维下，师范生教育实践多以城市学校为理想模型开展师范技能训练。但作为定向乡村的师范生，客观上要求他们深入乡村场域开展实习实训，在教育实践中夯实乡村教师角色的真实体验。因此，公费定向师范生的高质量培养离不开他们对乡村教学环境的实践体验。以乡土元素赋能实习实训，强调不以统一理念和先进示范为标准，注重乡村学校教学环境的实地体验，同时兼顾城市学校教学环境的实际参与，打破教学实践能力训练的单一化"理想模型"，形成覆盖城市与乡村"双元性"教学环境的实践制度。在覆盖城乡教学环境的双重实践体验下，公费定向师范生可以根据不同的教学条件和学生情况进行实习实训，累积教育实践智慧和教学机智经验，赋能其专业成长朝向高质量发展。更进一步地说，现代社会"反思性实践者"的教师观蔚然成风，直接要求教师职前培养把反思性实践作为一种重要的心理品质和行为能力进行练就。教育实践是教育文化的来源，反思性教育实践的核心在于反思教育文化。基于城乡学校"双元性"的反思性教育实践，乡土元素赋能公费定向师范生高质量培养可以促进公费定向师范生融合城市教育与乡村教育的文化鸿沟和价值裂痕，果断抛弃城市文化和城市教育凌驾于乡村文化和乡村教育的错误倾向，重视乡村文化和乡村教育的价值，确立乡土文化自信和乡村教育愿景。经由城乡学校反思性教育实践，点燃乡村教育热情和乡土文化信心的公费定向师范生，即达成了"定向性"之根本意旨，诠释着高质量培养的本真内涵。

　　当然，推动高质量发展离不开辩证法的指导。乡土元素赋能公费定向师范生的高质量培养，需要正确把握"师范性"与"定向性"的关系。公费定向师范生教育归根结底是师范教育，根植师范生培养的共性要求是总基调、总方向和总路线。然而，公费定向师范生毕竟定向为乡村服务，增强师范生培养的特性需求是新目标、新主题和新理念。在公费定向师范生的高质量培养过程中，必须做到"师范性"和"定向性"相统一，切勿顾此失彼，左支右绌，唯此方能造就一支兼具过硬专业本领与扎根基层情怀的乡村教师队伍，最终推动乡村教育发展、促进乡村全面振兴、助力实现中国式现代化。

附录：公费定向师范生入学动机调查问卷

亲爱的同学：

您好！我们是来自"公费定向师范生入学动机研究课题组"的研究人员。感谢您抽出时间填写这份问卷。本问卷旨在调查本科公费定向师范生入学动机的基本状况，问卷统计结果仅用于课题研究分析。此问卷采取匿名形式，答案无对错之分。谢谢您的合作！

公费定向师范生入学动机研究课题组

一、填写您的基本情况

1. 您的性别（　　）

A. 男　　　　B. 女

2. 您来自（　　）

A. 农村　　　B. 乡镇　　　C. 中小城市（含县城）　　　D. 大城市

3. 您是独生子女吗（　　）

A. 是　　　　B. 否

4. 家庭成员中是否有从事教师职业者（　　）

A. 是　　　　B. 否

5. 您就读的专业是（　　）

A. 小学教育　　　B. 体育教育　　　C. 特殊教育

D. 美术学　　　E. 音乐学　　　F. 学前教育

6. 您的家庭月收入为（　　）

A.2000 元以下

B.2000—5000 元

C.5000—8000 元

D.8000—12000 元

E.12000 元以上

二、以下各项陈述，大致反映了您选择成为一名公费定向师范生的主要理由。请根据您报考前的真实想法，选择最能够反映您实际情况和感受的选项（单项选择，必选）。

7. 热爱乡村教育事业，做一名教师是自己的理想（　　）

A. 完全不符合　B. 比较不符合　C. 不确定　D. 比较符合　E. 完全符合

8. 希望自己能为家乡的教育事业做一点贡献（　　）

A. 完全不符合　B. 比较不符合　C. 不确定　D. 比较符合　E. 完全符合

9. 大学（非公费定向师范专业）学杂费太高（　　）

A. 完全不符合　B. 比较不符合　C. 不确定　D. 比较符合　E. 完全符合

10. 公费定向师范生可免缴住宿费（　　）

A. 完全不符合　B. 比较不符合　C. 不确定　D. 比较符合　E. 完全符合

11. 我非常想成为一名教师（　　）

A. 完全不符合　B. 比较不符合　C. 不确定　D. 比较符合　E. 完全符合

12. 教育行政部门负责为公费定向师范生落实任教学校（　　）

A. 完全不符合　B. 比较不符合　C. 不确定　D. 比较符合　E. 完全符合

13. 公费定向师范生可免缴学费（　　）

A. 完全不符合　B. 比较不符合　C. 不确定　D. 比较符合　E. 完全符合

14. 公费定向师范生毕业后有就业保障（　　）

A. 完全不符合　　B. 比较不符合　　C. 不确定　　D. 比较符合　　E. 完全符合

15. 目前的就业状况不佳，工作不好找（　　）

A. 完全不符合　　B. 比较不符合　　C. 不确定　　D. 比较符合　　E. 完全符合

16. 主要是我自己的选择（　　）

A. 完全不符合　　B. 比较不符合　　C. 不确定　　D. 比较符合　　E. 完全符合

17. 公费定向师范生可享受每月的生活补贴（　　）

A. 完全不符合　　B. 比较不符合　　C. 不确定　　D. 比较符合　　E. 完全符合

18. 我报考时了解过公费定向师范生教育专项的招生政策（　　）

A. 完全不符合　　B. 比较不符合　　C. 不确定　　D. 比较符合　　E. 完全符合

19. 我报考时没有盲目选择（　　）

A. 完全不符合　　B. 比较不符合　　C. 不确定　　D. 比较符合　　E. 完全符合

20. 家里经济负担较重（　　）

A. 完全不符合　　B. 比较不符合　　C. 不确定　　D. 比较符合　　E. 完全符合

21. 公费定向师范生所签订的合同条件比较容易接受（　　）

A. 完全不符合　　B. 比较不符合　　C. 不确定　　D. 比较符合　　E. 完全符合

22. 实行提前批次录取，有更多录取机会（　　）

A. 完全不符合　　B. 比较不符合　　C. 不确定　　D. 比较符合　　E. 完全符合

23. 我的高考成绩不突出，不是特别好（　　）

A. 完全不符合　　B. 比较不符合　　C. 不确定　　D. 比较符合　　E. 完全符合

24. 公费定向师范生毕业后能够回到生源地任教（　　）

A. 完全不符合　　B. 比较不符合　　C. 不确定　　D. 比较符合　　E. 完全符合

25. 感觉自己各方面都比较适合当教师（　　）

A. 完全不符合　　B. 比较不符合　　C. 不确定　　D. 比较符合　　E. 完全符合

26. 父母、亲朋好友的支持和劝导（　　）

A. 完全不符合　　B. 比较不符合　　C. 不确定　　D. 比较符合　　E. 完全符合

27. 当时身边有同学、朋友也报考了公费定向师范（　　）

A. 完全不符合　　B. 比较不符合　　C. 不确定　　D. 比较符合　　E. 完全符合

28.任课老师的推荐和支持（　　）

A.完全不符合　　B.比较不符合　　C.不确定　　D.比较符合　　E.完全符合

29.我的高考成绩不够上省内外名校（　　）

A.完全不符合　　B.比较不符合　　C.不确定　　D.比较符合　　E.完全符合

30.实施相关政策的高校名誉较高（　　）

A.完全不符合　　B.比较不符合　　C.不确定　　D.比较符合　　E.完全符合

31.教师职业福利待遇越来越好（　　）

A.完全不符合　　B.比较不符合　　C.不确定　　D.比较符合　　E.完全符合

三、下列题目属于开放题，请根据您的实际情况回答。

32.你是否后悔选择成为公费定向师范生？如果是，理由是什么？（选填）

参考文献

一、著作类

［1］商应美．公费师范生就业政策执行研究——以一所部属师范大学六年毕业生追踪为例［M］．北京：中国人民大学出版社，2022．

［2］闫闯．乡贤文化视域下公费定向师范生教育研究［M］．长春：吉林大学出版社，2021．

［3］姚丽亚，龚志慧，丁明秀．公费师范生教师职业认同：理论与实证研究［M］．长春：吉林出版集团股份有限公司，2021．

［4］白贝迩．师范生免费教育政策评估研究［M］．西安：陕西师范大学出版总社有限公司，2018．

［5］蒋馨岚．师范生免费教育制度的价值研究［M］．青岛：中国海洋大学出版社，2015．

［6］王华敏．免费教育师范生职业理想教育研究［M］．北京：人民出版社，2015．

［7］王智超．师范生免费教育政策实施状况追踪研究［M］．长春：吉林人民出版社，2013．

［8］周琴，等．教师专业发展视域下的师范生免费教育［M］．北京：科学出版社，2013．

［9］宋进，王建新．思想政治理论课有效促进免费师范生职业理想信念

形成研究［M］. 上海：中西书局，2013.

［10］亢犁，陈亮. 师范生免费教育调查研究［M］. 北京：中央文献出版社，2012.

［11］仲红俐. 师范生免费教育政策问题与对策研究［M］. 南京：南京农业大学出版社，2010.

［12］东北师范大学党委学生工作部. 我眼中的基础教育：免费师范生心语［M］. 长春：东北师范大学出版社，2010.

［13］何一粟，李洪玉. 成才始于动机［M］. 天津：百花文艺出版社，2009.

［14］马一波，钟华. 叙事心理学［M］. 上海：上海教育出版社，2006.

［15］郭德俊. 动机心理学：理论与实践［M］. 北京：人民教育出版社，2005.

［16］马克思，恩格斯. 马克思恩格斯选集：第1卷［M］. 北京：人民出版社，1995.

［17］毛泽东. 毛泽东选集：第一卷［M］. 北京：人民出版社，1992.

［18］马克思，恩格斯. 马克思恩格斯全集：第12卷［M］. 北京：人民出版社，1962.

［19］［德］马克斯·韦伯. 学术与政治［M］. 钱永祥，等译. 上海：上海三联书店，2019.

［20］［德］朱利安·尼达-诺姆林. 理性与责任：实践理性的两个基本概念［M］. 迟帅，译. 北京：北京大学出版社，2017.

［21］［美］肯尼思·J. 格根. 关系性存在：超越自我与共同体［M］. 杨莉萍，译. 上海：上海教育出版社，2017.

［22］［英］伯基特. 社会性自我：自我与社会面面观［M］. 李康，译. 北京：北京大学出版社，2012.

［23］［德］莱茵贝格. 动机心理学［M］. 王晚蕾，译. 上海：上海社会科学院出版社，2012.

［24］Macintyre A. *After Virtue: A Study of Moral Theory*［M］Third

Edition．Notre Dame：University of Notre Dame Press，2007.

二、论文类

［1］龚楠．指向"乡村教师"的高校师范生定向培养研究［J］．教育理论与实践，2023，43（15）：47-50.

［2］汪明帅，卓玉婷．为什么选择当老师——学生时代老师影响从教选择的机制及启示［J］．全球教育展望，2023，52（5）：92-104.

［3］唐桥，植子伦．他们缘何跨越城乡差异而来？——职后公费定向师范生乡村从教的推拉因素分析［J］．中国人民大学教育学刊，2023（2）：131-150.

［4］张新亮，石艳，郑琦，等．公费师范生学业表现的实证研究——基于某部属师范大学的行政数据［J］．教育学报，2023，19（1）：165-181.

［5］吴秋翔，林翌甲，宫颢韵．为何选择师范教育专业？——基于县域高中毕业生大学专业选择的实证研究［J］.中国高教研究，2022（12）：51-58.

［6］张晓辉，姚梅林，李庆安．政策满意度、教师支持对公费师范生职业效能和职业认同的影响：一项纵向研究［J］.北京师范大学学报（社会科学版），2022（6）：50-59.

［7］刘铖，陈鹏．寻求"位育"的"辩证法"——乡村定向师范生的"身份—能动性"探究［J］．教师教育研究，2022，34（6）：76-82.

［8］李德林，陈晨．近代乡村师范学校及对公费师范生培养的启示［J］.济南大学学报（社会科学版），2022，32（6）：157-165.

［9］胡吉．地方公费定向师范教育亟须在地化改革［J］．湖南师范大学教育科学学报，2022，21（6）：68-74.

［10］朱守信，程天君．乡村定向师范生职业承诺的影响机制研究——基于计划行为理论框架［J］．江苏高教，2022（11）：24-31.

［11］王文进，何小娅．需求导向的定向师范生培养研究［J］．中国高等教育，2022（21）：48-50.

［12］刘伟，李琼．为何从教：公费师范生与非公费师范生从教动机的多组潜类别分析［J］．中国高教研究，2022（10）：61-67.

［13］欧以克，周婉玲．理性选择制度主义视角下地方师范生公费教育政策回望［J］．黑龙江高教研究，2022，40（10）：46-51.

［14］李海萍，张秋婵．从"出口端"优化到从"入口端"破局：地方公费师范生政策研究［J］．高等教育研究，2022，43（10）：70-76.

［15］戚务念，钟珂．省域公费定向师范生培养政策研究——以广东省为例［J］．南宁师范大学学报（哲学社会科学版），2022，43（5）：68-79.

［16］周继良，匡永杨．乡村定向师范生学习动力何以式微——来自焦点团体访谈及其编码的验证［J］．教育发展研究，2022，42（Z2）：46-55.

［17］郭芳．公费师范生培养的"地方性"价值取向研究［J］．教师教育研究，2022，34（4）：39-44.

［18］谢泉峰，蒋蓉，黄蓝紫．关系视域下的公费师范生留乡任教：现实困境与突破路径——基于S校公费师范生的深度访谈［J］．教师教育研究，2022，34（4）：86-92.

［19］张源源，薛芳芳．"前补偿"抑或"后激励"？——乡村振兴背景下定向师范生违约问题研究［J］.华东师范大学学报（教育科学版），2022，40（6）：44-56.

［20］吕慈仙，周爱华，申亚云．公费师范生专业认同与学习投入的实证研究——基于学业自我效能感的中介作用分析［J］．教育与考试，2022（2）：58-66.

［21］熊万曦，高文心，陈志文．优秀人才在县域普通高中何以能"招得进、教得好、留得住"——以国家公费师范生教师为例［J］．教师教育研究，2022，34（2）：61-68.

［22］刘铖，陈鹏．乡村定向师范生的多重身份冲突——基于社会学制度主义的教育民族志研究［J］．教育发展研究，2022，42（2）：18-27．

［23］郭志慜．"优师专项"的政策优势、实施挑战与优化策略［J］．教育发展研究，2022，42（2）：9-17．

［24］朱燕菲，王运来，吴东照．类型化视角下地方公费定向师范生农村任教意愿的多维分析与对策审视［J］．大学教育科学，2022（1）：64-71．

［25］苏尚锋，黄玲芳．引导性回流：地方公费师范生政策演进的功能逻辑——基于30个省份地方公费师范生政策文本的分析［J］．教育研究，2021，42（12）：131-141．

［26］朱燕菲，吴东照，王运来．综合评价视域下地方乡村定向师范生培养的质量省思［J］．中国教育学刊，2021（12）：85-90．

［27］姜子云，刘佳，王聪颖．重构与重建：教师教育公共教育学课程建设的"乡土表达"［J］．教育发展研究，2021，41（21）：78-84．

［28］植子伦，姜正国，唐松林．服务于乡村教育振兴的公费师范生职业适应双因素研究［J］．社会科学家，2021（11）：140-145，155．

［29］冉力，唐松林．乡土文化融入师范生校本教材建设研究：意蕴、理念与方法［J］．黑龙江高教研究，2021，39（8）：145-150．

［30］程建平．新时代"优师专项"的使命担当［J］．教育研究，2021，42（6）：16-20．

［31］游旭群．重塑教师教育培养体系 着力打造优秀乡村教师［J］．教育研究，2021，42（6）：23-28．

［32］罗碧琼，唐松林．乡村教师定向培养中的寻根教学［J］．湖南师范大学教育科学学报，2021，20（3）：108-114．

［33］朱洪雨，车丽娜．省属高校公费师范生教师职业认同的现状分析及培养对策［J］．当代教育与文化，2021，13（1）：51-55，79．

［34］赵燕．乡村定向师范生政策生源吸引力分析——基于社会交换理论

的视角［J］．教育学术月刊，2021（1）：64-70.

［35］赵英，李顿．中部地区省级公费师范生学习动力实证研究——基于
S校调查数据的分析［J］．教育理论与实践，2020，40（34）：
43-47.

［36］李静美．农村公费定向师范生"下得去、留得住"的内在逻辑［J］．
中国教育学刊，2020（12）：70-75.

［37］曹珊．基于教育实习的公费师范生从教信念培养［J］．教育理论与
实践，2020，40（31）：34-38.

［38］刘全国，张赵清．公费师范教育的制度逻辑与改革路径［J］．西南
大学学报（社会科学版），2020，46（6）：91-100.

［39］代梦雅．小学教育公费师范生入学动机、学习投入和专业承诺的调
查研究［D］．福州：福建师范大学，2020.

［40］梁结玲．公费师范生的公共性及其建构［J］．教育理论与实践，
2020，40（25）：33-37.

［41］段志贵，宁耀莹，陈馨悦．定向乡村师范生回乡任教：迷思与
解析［J］．中小学教师培训，2020（7）：20-23.

［42］李兴洲，唐文秀．乡村教师政策靶向瞄准优化策略研究［J］．国家
教育行政学院学报，2020（6）：35-42.

［43］苏尚锋，常越．地方公费师范生政策与乡村教育的"留住机制"［J］．
河北师范大学学报（教育科学版），2020，22（2）：73-79.

［44］姚崇，赵可欣，周晨琛，等．公费教育政策满意度对师范生教师职
业认同的影响——社会认知因素的影响［J］．心理与行为研究，
2020，18（2）：241-247.

［45］房玲玲，杨颖秀．师范生公费教育政策文本分析及政策建议［J］．
延边大学学报（社会科学版），2020，53（1）：124-132.

［46］任胜洪，陈倩芸．乡村教师公费定向培养机制的完善及风险防
控［J］．江汉学术，2020，39（3）：62-68.

［47］章飞，陈蓓．公费师范生教师职业认同的动力机制与强化路径［J］．

黑龙江高教研究，2020，38（1）：42-46.

[48] 蒋蓉，李新，黄月胜，等. 地方师范院校公费师范生乡村小学从教意愿调查［J］. 教育研究与实验，2019（6）：29-34.

[49] 罗碧琼，蒋良富，王日兴，等. 地方高校公费师范生培养模式创新：乡土意蕴与系统方法［J］. 大学教育科学，2019（6）：37-44.

[50] 吴东照，王运来，操太圣，等. 师范生公费教育的政策创新与实践检视［J］. 中国教育学刊，2019（11）：89-93.

[51] 杨晓蓉，李欣. 基于成就目标理论的公费师范生定向就业对学业成绩的影响——以新疆维吾尔自治区为例［J］. 新疆师范大学学报（自然科学版），2019，38（2）：82-89.

[52] 冯誉萱，刘克利. 公费定向师范教育协同：价值、经验与需要［J］. 大学教育科学，2019（5）：68-74，81.

[53] 后慧宏，苏德. 我国师范生公费教育政策理性失衡及归位——基于人本主义理论视角［J］. 广西师范大学学报（哲学社会科学版），2019，55（5）：78-87.

[54] 王清涛. 公费师范生违约风险及其治理——基于不完全契约理论的分析［J］. 教育发展研究，2019，39（Z2）：119-124.

[55] 房艳梅. 公费师范生职业认同培养研究［J］. 教育理论与实践，2019，39（23）：30-32.

[56] 王晓芳，周钧，孔祥渊. 新加坡师范生公费教育内部质量保障机制探究［J］. 外国教育研究，2019，46（8）：97-115.

[57] 周大众. 乡村定向师范生卓越潜质提升：内涵、价值与路径［J］. 当代教育论坛，2019（5）：40-46.

[58] 钱芳，郭雨涵. 公费师范生培养实施情况调研及政策建议［J］. 中国教师，2019（6）：11-16.

[59] 曹婧，马玉芳. 公费师范生教育政策存在的问题及应对策略探究［J］. 黑龙江高教研究，2019，37（5）：79-82.

[60] 沈红宇，蔡明山. 公平价值的引领：从免费到公费的师范生教育［J］.

大学教育科学，2019（2）：66-71，124.

[61] 李静美. 农村教师定向培养政策的生源吸引力——基于对湖南省的调查研究 [J]. 高等教育研究，2019，40（1）：58-67.

[62] 李兵，张丽芳，林海明，等. 新进教师职业认同变化调查——基于免费师范毕业生的追踪研究 [J]. 高教探索，2019（1）：111-117.

[63] 戴云，李方安. 社会主义核心价值观融入乡村教师定向师范生培养的机制与策略探究 [J]. 当代教育科学，2018（9）：56-60.

[64] 商应美，于爽. 免费师范生就业政策执行跟踪研究：现状·成效·举措——以东北师范大学五届免费师范毕业生为例 [J]. 东北师大学报（哲学社会科学版），2018（5）：195-199.

[65] 冯传书. 公费定向师范生的课程体系调查分析 [J]. 当代教育论坛，2018（4）：106-114.

[66] 王智超，杨颖秀. 地方免费师范生：政策分析及现状调查 [J]. 教育研究，2018，39（5）：76-82.

[67] 田友谊，丁月. 免费师范生教育信仰的现状、影响因素与培育对策 [J]. 教育研究与实验，2018（1）：31-34.

[68] 周婷婷，兰英. 美国伊利诺伊州教师教育项目："金苹果学者计划"的实践及启示 [J]. 外国教育研究，2017，44（12）：16-28.

[69] 商应美. 免费师范生就业政策实施10周年追踪研究——以东北师范大学五届免费师范生为例 [J]. 教育研究，2017，38（12）：141-146.

[70] 张翔. 师范生免费教育政策的十年回顾与展望 [J]. 国家教育行政学院学报，2017（8）：21-27.

[71] 马勇军，崔爽怡. 中国免费师范生研究十年回顾与前瞻——基于核心期刊相关文献的内容分析[J]. 课程. 教材. 教法，2017，37（8）：97-103.

[72] 关庆华，吴晓燕，赵丹. 免费师范生教学能力培养策略优化探讨 [J].

河北师范大学学报（教育科学版），2016，18（6）：100-104.

[73] 张河森，林云，崔莎莎. 艺体类免费师范生从教意愿实证研究——基于华中师范大学免费师范生的调查［J］. 教师教育研究，2016，28（4）：57-63.

[74] 田恒平. 乡村教师培养与补充的现实路径思考［J］. 教师教育研究，2016，28（3）：30-35.

[75] 陈鸿飞，谢宝国，郭钟泽，等. 职业使命感与免费师范生学业投入的关系：基于社会认知职业理论的视角［J］. 心理科学，2016，39（3）：659-665.

[76] 吴鹏，付卫东. 免费师范毕业生政策认同度低的原因及应对策略［J］. 教育与经济，2016（1）：63-67.

[77] 王阳. 免费师范生教师职业认同的特点及其与学业成就和学习投入的关系［J］. 黑龙江高教研究，2015（11）：96-100.

[78] 李佳源，余利川. 地方院校免费师范生职业认同：特征、动力机制及强化路径——基于四川两所高校的调查研究［J］. 复旦教育论坛，2015，13（5）：67-73.

[79] 高文财，杨颖秀. 我国免费师范生教育硕士培养现存问题及解决策略——基于4所部属师范大学的调查研究［J］. 研究生教育研究，2015（4）：11-16.

[80] 赵宏玉，张晓辉. 教育政策对免费师范生从教动机、职业认同的影响［J］. 北京师范大学学报（社会科学版），2015（4）：51-59.

[81] 王智超. 师范生免费教育政策执行状况调研与思考［J］. 东北师大学报（哲学社会科学版），2015（4）：192-196.

[82] 史航，于忠海. 免费师范生政策之两难："大"公平与"小"自由［J］. 河北师范大学学报（教育科学版），2015，17（4）：74-78.

[83] 莫书亮，陶莉莉，盛建森. 免费师范生的教师职业承诺与人格—职业匹配和心理契约破坏的关系［J］. 教育研究与实验，2014（5）：

90-96.

[84] 高政, 常宝宁. 免费师范生教育存在的问题及其对策研究 [J]. 国家教育行政学院学报, 2014 (7): 31-35.

[85] 范兴华, 陈锋菊, 刘文, 等. 六年制免费师范生的教师职业认同结构及特点 [J]. 心理研究, 2014, 7 (2): 81-85.

[86] 王庭照, 许琦, 栗洪武, 等. 我国师范生免费教育研究热点的领域构成与拓展趋势——基于 CNKI 学术期刊 2007—2012 年文献的共词可视化分析 [J]. 教育研究, 2013, 34 (12): 102-109.

[87] 付卫东, 曹青林. 高校师范类学生就业需求与师范生免费教育政策调整——基于全国 6 所部属师范大学和 30 所地方院校的调查 [J]. 华中师范大学学报 (人文社会科学版), 2013, 52 (6): 182-188.

[88] 王鑫强, 肖明玉. 免费师范生与一般师范生的教师职业认同感结构及特点比较 [J]. 西南师范大学学报 (自然科学版), 2013, 38 (10): 100-106.

[89] 胡玲翠, 秦立霞. 实践场域下免费师范生教师信念发展研究 [J]. 学术探索, 2013 (8): 140-144.

[90] 刘承宇, 詹定洪, 胡波. 教育实习对免费师范生从教信念影响的调查研究 [J]. 贵州师范大学学报 (社会科学版), 2013 (4): 116-121.

[91] 周琴. 免费师范生政策认知调查——以西南大学为个案 [J]. 教师教育研究, 2013, 25 (3): 60-65.

[92] 刘海滨, 杨颖秀. 师范生免费教育政策的新问题及改进建议 [J]. 教师教育研究, 2013, 25 (3): 37-41.

[93] 魏彩红, 张晓辉, 赵宏玉, 等. 免费师范生的职业认同类型及其学习动机特点研究 [J]. 教师教育研究, 2013, 25 (3): 66-71, 85.

[94] 张微, 王玉琴, 郑丽娜. 人格素质倾向还是职业决策倾向: 免费师范生学习动机的特点及其发展研究 [J]. 教师教育研究, 2013,

25（3）：72-78.

［95］马红宇，魏祥迁，刘三明. 免费师范生职业成熟度的特点及影响因素研究［J］. 教育研究与实验，2013（1）：82-86.

［96］秦立霞. 免费师范教育背景下教师信念研究［J］. 陕西师范大学学报（哲学社会科学版），2012，41（6）：158-162.

［97］付义朝，魏体丽. 免费师范生培养目标定位的思考［J］. 高等教育研究，2012，33（10）：38-40，37.

［98］王学男. "免费师范生"与"特岗计划"的政策比较研究［J］. 上海教育科研，2012（10）：30-33，10.

［99］容中逵，刘卉. 免费师范生政策及其实施的更进研究——与国防生政策的比较分析［J］. 教育发展研究，2012，32（18）：13-16.

［100］蒋蓉，邓立群. 高中起点本科小学教师公费定向培养调查与思考——以湖南省为例［J］. 当代教育论坛，2012（5）：38-42.

［101］赵联. "免费"契约与个体期望的冲突——三位免费师范生眼中的师范生免费教育政策［J］. 教育研究与实验，2012（4）：25-30.

［102］杨爱君. 免费师范生教学能力研究［J］. 教师教育研究，2012，24（4）：45-50，31.

［103］闫方洁. 公费师范生理想信念教育视域中"马克思主义基本原理概论"教学体系创新［J］. 思想教育研究，2012（6）：52-55.

［104］崔海英. 免费师范生角色认同研究［J］. 河北师范大学学报（教育科学版），2012，14（6）：29-32.

［105］赵萍. 免费师范生政策研究的方法论述评［J］. 教师教育研究，2012，24（3）：41-48.

［106］赵宏玉，兰彦婷，张晓辉，等. 免费师范生教师职业认同量表的编制［J］. 心理与行为研究，2012，10（2）：143-148.

［107］姚云，马龙，李小红. 师范生免费政策实施效果的研究——基于首届免费师范生的入学与毕业调查［J］. 教师教育研究，2012，

24（2）：63-68.

[108] 贾挚，陶磊，于国妮. 免费师范生学习动机与学习情况调查研究 [J].
教师教育研究，2012，24（2）：69-74.

[109] 付淑琼. 美国农村教师保障机制研究——以弗吉尼亚州家乡教师
项目为例 [J]. 中国教育学刊，2012（2）：78-81.

[110] 付义朝，杨小玉. 促进免费师范生投身基础教育的有效策略——
基于全国 6 所部属师范大学免费师范毕业生的调查与思考 [J].
云南师范大学学报（哲学社会科学版），2012，44（1）：97-104.

[111] 林更茂. 从"角色规定"到"身份认同"：免费师范生教育的深
层推进 [J]. 教育研究与实验，2011（6）：25-29.

[112] 王鑫强，张大均，曾丽红. 师范生职业认同感的效能—价值双维
核心模型的构建 [J]. 心理发展与教育，2011，27（6）：662-
669.

[113] 赵宏玉，齐婷婷，张晓辉，等. 免费师范生的教师职业认同：结
构与特点实证研究 [J]. 教师教育研究，2011，23（6）：62-66.

[114] 何光全，廖其发，臧娜. 师范生免费教育政策存在的问题及改进
建议——基于实证调查的分析 [J]. 教育发展研究，2011，31（Z2）：
39-44.

[115] 王璐，王根顺. 师范生免费教育政策的透视与反思 [J]. 国家教
育行政学院学报，2011（8）：28-31.

[116] 付义朝，付卫东. 首届免费师范毕业生就业意向及其影响因素分
析——基于全国 6 所部属师范大学免费师范毕业生的调查 [J].
华中师范大学学报（人文社会科学版），2011，50（4）：144-
152.

[117] 丁道群，蒋珊珊. 湖南地区高校免费师范生的教师职业认同感调
查研究 [J]. 教师教育研究，2011，23（4）：63-67.

[118] 赵永萍，张进辅，李敏. 免费师范生职业价值观的实证研究 [J].
西南大学学报（自然科学版），2011，33（6）：156-160.

［119］王庭照，杨鹃，王彦朴. 免费师范生从教信念及农村任教意愿调查［J］. 当代教师教育，2011，4（2）：59-64.

［120］张立昌，阎春，李正根. 免费师范生报考动因与政策态度调查［J］. 当代教师教育，2011，4（2）：39-46.

［121］吴晓蓉，姜运隆. 我国免费师范教育政策的回顾与反思［J］. 国家教育行政学院学报，2011（5）：41-45.

［122］刘海滨，王智超. 免费师范生就业中的政策障碍及对策思考［J］. 国家教育行政学院学报，2011（5）：51-54.

［123］李高峰. 免费师范生报考动机的调查与分析——以陕西师范大学为例［J］. 国家教育行政学院学报，2011（5）：71-74.

［124］冯婉桢，吴建涛. 在个人意愿与公共意志之间：免费师范生毕业意愿调查研究［J］. 教师教育研究，2011，23（3）：56-60.

［125］岳奎，王鹃. 免费师范生的就业冲突及其规避——基于一项关于免费师范生就业意向调查的分析［J］. 教育研究与实验，2011（2）：32-35.

［126］李高峰. 免费师范生三大报考动机的调查研究——以陕西师范大学为例［J］. 教育科学，2011，27（2）：24-29.

［127］王华敏，黄良勇. 免费师范生职业理想现状调查与对策思考［J］. 学校党建与思想教育，2011（10）：90-92.

［128］刘建银，黄露. 地方师范大学师范生对免费教育政策的态度及其影响因素——基于某地方师范大学的调查分析［J］. 教师教育研究，2011，23（2）：37-43.

［129］袁广林，袁鑫. 我国公费师范教育制度的弊端与完善［J］. 黑龙江高教研究，2011（2）：9-11.

［130］张晓辉，赵宏玉，齐婷婷. 免费师范生从教意愿及相关影响因素的调查研究［J］. 山西高等学校社会科学学报，2011，23（1）：88-90.

［131］方增泉，戚家勇. 推进和完善师范生免费教育制度——基于北京

师范大学 2007—2009 级免费师范生的调查［J］．教师教育研究，
2011，23（1）：63-68．

［132］蒋馨岚．建国以来中国师范教育免费政策的变迁——基于支持联
盟框架的分析［J］．西北师大学报（社会科学版），2011，48（1）：
84-89．

［133］石晶，于沛，崔丽娟．免费师范生心理契约的内容与结构维度［J］．
心理研究，2010，3（6）：81-87．

［134］邹玉梅，戚玮，崔丽娟．免费师范生心理契约破裂的后果及影响
因素研究［J］．心理研究，2010，3（6）：75-80．

［135］房喻．师范生免费教育：回眸与省思［J］．中国高等教育，
2010（19）：11-13．

［136］李莉．免费师范生为何不愿做教师？［J］．教育与职业，
2010（28）：87．

［137］路正社．免费师范生就业定向化分析及对策研究——如何使免费
师范生走向基层留在基层［J］．山西大学学报（哲学社会科学版），
2010，33（5）：108-112．

［138］黄蓉生．为了那份责任担当［J］．西南大学学报（社会科学版），
2010，36（5）：1-6．

［139］白显良，王华敏．加强免费教育师范生职业理想教育的若干思考［J］．
西南大学学报（社会科学版），2010，36（5）：16-20．

［140］封子奇，姜宇，杜艳婷，等．免费师范生教师职业认同及其影响
因素研究［J］．河北师范大学学报（教育科学版），2010，12（7）：
69-75．

［141］李高峰．免费师范生报考动机的调查研究——以陕西师范大学为
例［J］．黑龙江高教研究，2010（6）：1-4．

［142］邓湖川．关于免费师范生思想政治教育的若干思考［J］．思想理
论教育导刊，2010（5）：112-114．

［143］杨公安，张学敏．免费师范生教育中的委托—代理问题及激励约

束机制［J］. 教育与经济, 2010（2）: 42-45.

［144］赵广宇. 免费师范生学习动力问题研究［D］. 重庆: 西南大学, 2011.

［145］覃小琼, 孙蕾, 吴琼. 免费师范生学习动机特点的访谈研究［J］. 心理研究, 2010, 3（2）: 93-96.

［146］赵佳静, 于海峰. 关于免费师范生学习动机类型与强度的调查［J］. 心理研究, 2010, 3（2）: 82-86.

［147］钟贞明, 李冬梅. 免费与非免费师范生学习动机强度的比较研究［J］. 心理研究, 2010, 3（2）: 90-92.

［148］石艳. 免费师范生身份认同研究——基于对某师范大学招收的第一批免费师范生的调查［J］. 教育发展研究, 2010, 30（4）: 46-51.

［149］曲铁华, 马艳芬. 师范生免费教育应处理好的几个关系［J］. 首都师范大学学报（社会科学版）, 2010（1）: 72-75.

［150］曲铁华, 袁媛. 我国师范生免费教育政策的百年历史考察［J］. 社会科学战线, 2010（1）: 213-219.

［151］潘一林, 郑鹏, 许甜. 2007年师范生免费教育政策有效性预测评估——从农村教师补给的角度分析［J］. 清华大学教育研究, 2009, 30（6）: 79-83.

［152］刘里里. 免费师范生入学动机、学习自我效能感和专业承诺的现状及其关系研究［D］. 重庆: 西南大学, 2009.

［153］姚云, 董晓薇. 全国师范生免费教育政策实施认同度调查［J］. 教育研究与实验, 2009（1）: 45-50.

［154］李国安, 张国镛. 加强免费师范生思想政治教育的思考［J］. 学校党建与思想教育, 2009（1）: 48-49.

［155］潘健. 基于免费师范生初始特征的政策反思［J］. 教育学术月刊, 2008（11）: 61-64.

［156］叶飞. 师范生免费教育政策的价值追求及其落实的思考［J］. 国

家教育行政学院学报，2008（11）：50-52，95.

［157］吴遵民，刘芳. 免费师范生教育政策刍议［J］. 杭州师范大学学报（社会科学版），2008，30（6）：83-89.

［158］孙翠香. 教育政策问题的内涵及特征——以师范生免费教育政策问题分析为例［J］. 教育学术月刊，2008（9）：59-62.

［159］姚云. 师范生免费教育：部属师大发展的机遇与挑战［J］. 现代大学教育，2008（5）：93-96，113.

［160］陈巧云. 免费师范生政策制定过程分析［D］. 苏州：苏州大学，2008.

［161］王嘉毅，丁克贤. 西北地区师范生对免费教育政策之意向的调查研究——以西北地区某师范大学为个案［J］. 教育学报，2008（1）：91-96.

［162］曾艳，胡卓南. 地方师范生实施免费教育的可行性研究［J］. 教育学术月刊，2008（2）：40-43.

［163］程新平. 加强免费师范生教师角色教育的意义与策略［J］. 当代教育科学，2008（1）：40-42.

［164］陈时见. 师范生免费教育的培养模式探析［J］. 西南大学学报（社会科学版），2007（6）：7-11.

［165］胡艳. 关于实施免费师范生制度的思考［J］. 陕西师范大学学报（哲学社会科学版），2007（6）：100-104.

［166］张绘. 从人力资本积累的角度看师范生免费政策［J］. 中国高教研究，2007（10）：28-31.

［167］张继平. 师范生免费政策回归有益于教育和谐发展［J］. 复旦教育论坛，2007（4）：9-11.

［168］黎婉勤. 关于师范生免费教育的若干思考［J］. 教师教育研究，2007（3）：24-28.

［169］鲁洁. 关系中的人：当代道德教育的一种人学探寻［J］. 教育研究，2002（1）：3-9.

［170］宋弟盦. 怎样办理乡村教育［J］. 乡村教育，1936（2）：8-12.

［171］Halsey J. Independent Review into Regional, Rural and Remote Education：Final Report［EB/OL］.［2018-04-13］. https://www.semanticscholar.org/paper/Independent-review-into-regional%2C-rural-and-remote-Halsey/79b7c6ea2ab7e9fda640b9771cd4b8fe6ab05d07.

［172］Isabel, Steinhardt, Christian, et al. Mapping the Quality Assurance of Teaching and Learning in Higher Education：The Emergence of a Specialty?［J］. *Higher Education*，2017，74（2）：221-237.

［173］Low E L, Tan O S. Teacher Education Policy：Recruitment, Preparation and Progression［M］//Oon-Seng Tan, Woon-Chia Liu, Ee-Ling Law. *Teacher Education in the 21st Century*. Singapore：Springer，2017：16-23.

［174］Neihart M F, Lee L. Quality assurance in Teacher Education in Singapore［M］//Oon-Seng Tan, Woon-Chia Liu, Ee-Ling Law. *Teacher Education in the 21st Century*. Singapore：Springer，2017：285-287.

［175］Tatto M T, Furlong J. Research and Teacher Education：Papers from the BERA-RSA Inquiry［J］. *Oxford Review of Education*，2015，41（2）：145-153.

［176］Nazeer-Ikeda R Z. Reforming Teacher Education through Localization-Internationalization：Analyzing the Imperatives in Singapore［J］. *Annual Review of Comparative and International Education*，2014（25）：169-200.

［177］Darling-Hammond L, Newton S P, Ruth C W. Developing and Assessing Beginning Teacher Effectiveness：The Potential of Performance Assessments［J］. *Educational Assessment Evaluation & Accountability*，2013，25（3）：179-204.

［178］Oon Seng Tan. Fourth Way in Action: Teacher Education in Singapore ［J］. *Educational Research for Policy and Practice*, 2012, 11（1）: 35–41.

［179］Beutel D, Adie L, Hudson S. Promoting Rural and Remote Teacher Education in Australia through the Over the Hill Project ［J］. *International Journal of Learning*, 2011, 18（2）: 377–388.

后 记

公费定向师范生入学动机的自传叙事是本著作的重要组成部分。鉴于自愿公开原则，现将一些自传叙事的初稿撰写人员列举如下：张年娣"乡村孩子的语文教师梦"；洪绮静"由'学医'到'从教'的梦想旅程"；颜菀"我与教育的二十年"；李俊怡"故乡的芒草"；高珮祺"由'艺'转'教'的职业选择"；王富文"我对读书的认识"；黄飘莹"兜兜转转中的双向奔赴"。感谢各位同学的支持，愿意无偿献出自传叙事，以供我们作为研究文本进行修改和提炼，最终形成了本著作。

自 2018 年起，笔者一直关注公费定向师范生的入学动机问题。2019年 5 月，笔者指导了钟凯祈等几名学生参加了第十五届"挑战杯"广东省大学生课外学术科技作品竞赛，参赛作品是《为"免费"而来，还是为"教育"而来——广东省本科公费定向师范生入学动机调查研究》。之后，我们以公费定向师范生的入学动机为切入点，陆续开展了多项课题研究。本书是我们合作研究的直接成果。在研究过程中，与凯祈的合作非常愉快。凯祈是一个心理成熟度高于实际生理年龄的同学，不怕困难，敢闯敢拼，执行力强。直到如今，凯祈仍是我七年大学执教生涯中的得意门生，我们之间的关系早已转变为亦师亦友。

最后，本书出版得到了岭南师范学院 2022 年"筑峰计划"专项项目资助，在此一并感谢！

闫 闯

2023 年 11 月 3 日于瑞云湖兆福苑